乡贤文化丛书

乡贤文化丛书

梨园教人兴慈善
——慈善作家说余治

卫绍生 廉朴 主编

廉朴 著

中原出版传媒集团
中原传媒股份公司

大象出版社
·郑州·

图书在版编目(CIP)数据

梨园教人兴慈善：慈善作家说余治／廉朴
著.—郑州：大象出版社，2018.8
(乡贤文化丛书／卫绍生，廉朴主编.第一辑)
ISBN 978-7-5347-9579-4

Ⅰ.①梨… Ⅱ.①廉… Ⅲ.①余治(1809—1874)—
生平事迹 Ⅳ.①K825.78

中国版本图书馆 CIP 数据核字(2017)第 298368 号

乡贤文化丛书
卫绍生 廉朴 主编
LIYUAN JIAOREN XING CISHAN

梨园教人兴慈善
——慈善作家说余治

廉 朴 著

出 版 人	王刘纯
总 策 划	郑强胜
责任编辑	梁金蓝 连 冠
责任校对	裴红燕
装帧设计	王莉娟

出版发行 大象出版社(郑州市开元路 16 号 邮政编码 450044)
　　　　　发行科 0371-63863551 总编室 0371-65597936
网　　址 www.daxiang.cn
印　　刷 洛阳和众印刷有限公司
经　　销 各地新华书店经销
开　　本 787mm×1092mm　　1/16
印　　张 12.5
字　　数 152 千字
版　　次 2018 年 8 月第 1 版　2018 年 8 月第 1 次印刷
定　　价 30.00 元
若发现印、装质量问题，影响阅读，请与承印厂联系调换。
印厂地址 洛阳市高新区丰华路三号
邮政编码 471003　　　电话 0379-64606268

总序

"乡贤",这一古老的称呼已经淡出人们的视野很久了。

党的十八大以来,乡贤重新进入人们的视野,成为人们热议的话题。中共中央、国务院2015年颁布的《关于加大改革创新力度加快农业现代化建设的若干意见》中明确指出,要"创新乡贤文化,弘扬善行义举,以乡情乡愁为纽带吸引和凝聚各方人士支持家乡建设,传承乡村文明"。在中共中央、国务院的文件里提到乡贤和乡贤文化,这应该是首次,它表明作为中国优秀传统文化重要组成部分的乡贤文化,既是传承乡村文明的重要内容,也是新时期农村文化建设的重要内容。但是,由于乡贤和乡贤文化淡出人们视线已久,在这一概念重新被提出来的时候,许多人并不明白什么是乡贤,什么是乡贤文化,更不知道如何传承和弘扬乡贤文化。鉴于此,有必要对乡贤称谓、乡贤之说的起源、乡贤对中国乡村的作用与意义、乡贤文化包含哪些内容等,作简要回答。

何谓乡贤?按照通常的解释,乡贤是指那些道德品行高尚同时又对乡村建设有过贡献的人。这里包含两个层面的意思:一是道德品行高尚,二是对家乡建设作出过贡献。但如果仅仅是道德品行高尚,满足于个人修身齐家、独善己身、洁身自好,很少关心乡里乡亲,很少对乡梓作出过贡献,那么,这样的人只能称为乡隐,而不能称为乡贤。乡贤既应是道德为人敬仰、行为堪称模范的人,更应是为家乡作出过一定贡献的人。不论是教书育人、传承文化、制定乡约、调解邻里矛盾,还是乐善好施、修桥铺路、接济乡人,举凡一切有益于乡里乡亲的事情,他们总是满腔热情,乐做善为。对乡村建设的贡献,是乡贤的必备条件。如果对家乡父老没有什么贡献可言,何以成为乡贤?看一看汉魏六朝出现的一些记述各地乡贤的著作,如《汝南先贤传》《陈留耆旧传》《襄阳耆旧记》《鲁国先贤传》《楚国先贤传》等,其中记载的各地乡贤,不仅在道德、学问、修养、名望等方面为人称颂,成为时人敬仰的楷模,而且都是对家乡作出过贡献的人。他们能入各种乡贤传,绝非浪得虚名。

  乡贤之说起源于何时?乡贤很早就存在于中国的乡村,但乡贤之说却是在东汉中后期才逐渐流行起来的。东汉中后期,随着一些世家大族的崛起,各个郡国都热衷于撰写乡贤传记,表彰那些曾经为当地经济、社会、文化发展作出过贡献的贤人雅士。东汉以后,世家大族成为维持中国乡村社会稳定的重要力量,涌现出许多被后人称为乡贤的人物,他们对当时的社会,乃至对中国历史文化都产生了重要影响。作为乡村精英的乡贤,在乡村治理、乡村教育等方面可补政府治理之不足,发挥了政府无法起到的重要作用。一些人看到了乡贤对社会发展的积极作用,把所属郡国那些有影响的人物事迹记录下来,于是出现了所谓的"郡书"。唐代史学家刘知幾在谈到这类著作时说:"郡书者,矜其乡贤,美其邦族,施于本国,颇得流行;置于他方,罕闻爱异。其有如常璩之详审,刘昞之该博,而能传诸不朽、见美来裔者,盖无几焉。"(刘知幾:《史通》卷十《内篇·杂述》)刘知幾是较早关注到乡贤类著作的史学家,他认为,乡贤类著作都是"矜其乡贤,美其邦族",因而在当地比较流行,而到了其他地方,知道的人就很少了。在谈到东汉史书繁盛的原因时,刘知幾再次提到了乡贤:"降及东京,作者弥众。至如名邦大都,地富才良,高门甲族,代多髦俊。邑老乡贤,竞为别录。家牒宗谱,各成私传。于是笔削所采,闻见益多。此中兴之史,所以又广于《前汉》也。"(刘知幾:《史通》卷九《内篇·烦省》）刘知幾虽然没有对乡贤作出解释，但他把"邑老乡贤"与"高门甲族"相提并论，表明他已经把"邑老乡贤"与"高门甲族"放在同一个层级上，充分肯定了"邑老乡贤"的历史地位与作用。

乡贤对中国乡村有怎样的作用与意义呢？乡贤在乡村建设中的作用是多方面的。他们不仅热衷于乡村治理和乡村教育，而且乐善好施、造福乡里。乡贤一般都是受过良好教育的人，他们是乡里有知识、有影响的人物，经济实力往往要比一般村民好一些。他们有能力也有意愿造福桑梓，所以常常在乡村建设上主动作为，只要是力所能及，他们一般不会推辞。在乡村治理方面，乡贤往往身兼管理者、参与者、协调者等多重角色，必要的时候，他们也可以发挥上情下达或下情上传的作用，成为联系乡亲和政府的桥梁与纽带。在调解邻里冲突和乡人矛盾上，他们不会以势压人，而是以理服人，注重多方协调和沟通，注重平衡各方利益。所以，在乡村治理方面，乡贤是农耕文明时期中国乡村社会稳定的重要因素。

在乡村教育方面，乡贤的作用更是不可小觑。乡贤大多是饱读诗书之人，他们深知文化知识对于人们的生存、生活、成长和发展至关重要，所以他们非常重视教育，尤其重视启蒙教育和家庭教育。他们中的许多人自觉地担负起教育自家子弟和乡里子弟的重任，有不少人开私塾，并兼任私塾先生。虽然有的人也接受一些"束脩"，但总体来说，义务教书的情况较为常见。他们是乡村的"先生"，是传授文化知识的人，是教人向善的人。在善行义举方面，乡贤更是乐善好施的代名词。他们愿意帮助别人，勇于助困济人，乐于接济生活困难的乡亲。如东汉末年颍川郡著名乡贤陈寔，道德高尚，知书达理，处事公正，待人公平，为乡里所推重。乡里发生了纠纷，人们不去求官府，而是去找陈寔，请求他明断是非。只要是陈寔评的理、判的是非曲直，人们都欣然接受，没有什么怨言，以至于乡人都说："宁为刑罚所加，不为陈君所短。"陈寔还乐善好施，遇上灾年的时候，乡亲们缺吃少穿，他就接济他们。大灾之年，陈寔的善举不仅挽救了那些一时糊涂的人，而且教化了乡党，纯洁了世风。当然，更多的乡贤是靠他们的智慧和财富造福乡里，为乡亲做好事，譬如常见的修桥铺路、接济穷困等助人为乐之事。在乡村治理结构尚不完备的中国传统社会，乡贤在文化教育、乡村治理、乡村建设等方面，都起到了政府所起不到的作用。他们是中国传统乡村超稳定结构的基石，也是推动乡村发展的动力。

对于乡贤，我们应该历史地来看，既要看到他们在乡村文化教育、乡村治理、乡村建设等方面的积极作用，也要看到他们对中国传统乡村超稳定结构的固化作用。乡村是农业社会的基础，也是各级政权的基础。但是，在中国传统社会，权力不下郡县，县级政权成为封建社会的基层政权，县令或县长通常都是七品官甚至是从七品官，县丞、县尉的级别就更低了。国家行政机构设置到县级，县以下是乡和里。乡和里的治理则借重民间力量，乡长和里长大多是由当地德高望重的长者或望族的族长担任，他们没有官位，不吃皇粮，不领俸禄，只是负责维持当地的秩序，帮助地方政府做一些诸如征收税赋、摊派徭役、管理户籍、教化民众之类的事情。但在乡村治理及文化教育等方面，乡长、里长则常常要借重乡贤的力量，因为乡贤有文化、有见识、有影响力，甚至还有财力。当乡贤与乡里管理者相向而行、勠力同心的时候，乡里就会稳定，乡村治理就比较顺畅。这个时候，乡贤的作用就得到了充分发挥。乡贤在某种意义上成了乡村治理的标杆，成为乡人敬仰和追慕的对象。但是，由于乡贤所受的教育不同，他们的理想、信念、追求也各有差异，因此，他们中的许多人不愿意与当权者同流合污，更看不惯权豪势要欺辱压榨百姓，往往是特立独行者和孤独求道者，但他们依然坚持用自己的方式服务乡里，造福百姓。如许劭主持汝南"月旦评"，大力奖掖和提携汝南才俊，评点天下名士，成为汉末继郭泰之后的清议领袖。他不应朝廷征辟，谢绝高官厚禄，以"局外人"的身份品评人物，客观公正，令人信服。又如吃尽文盲苦头的武训，穷且益坚，不坠青云之志，行乞办学，创办崇贤义塾，让那些读不起书的孩子进学堂读书，更让人肃然起敬。再如晚清职业慈善家余治，一生清贫，却四处呐喊，奔走于大江南北，劝人行善，宣传忠孝节义，成立各种慈善机构，移风易俗，救济孤贫，而且创立戏班，编写剧本，以戏曲劝善，被人誉为"江南大善人"。他们以各自的方式感染着世人，固化着中国乡村的超稳定结构，使中国乡村这个自秦汉以来政府行政权力鞭长莫及之地，成为乡绅乡贤的表演舞台。在当代作家陈忠实的长篇小说《白鹿原》中，从白嘉轩、鹿子霖和冷先生等人物身上，读者依稀看到了久违的乡贤形象，所以有评论者指出，《白鹿原》就是在寻找失去的乡贤。这样的评论虽然不无偏颇，却也道出了小说的文化追求。

乡贤是乡贤文化的创造者和实践者，从他们身上，人们可以看到传统乡贤文化在乡村建设、乡村治理、文化教育、乡土认同等方面发挥的重要作用。所以，从中国古代一直到近现代，许多乡村都建有乡贤祠，用以供奉和祭奠那些为乡村建设作出贡献的乡贤们，展示各地不同的乡贤文化。

乡贤文化是由乡贤及其乡人共同创造的，是中华优秀传统文化的重要组成部分。它作为一种文化形态，对中国古代的乡村治理，对家国文化的认同，对乡村社会的维系，对农业文明的传承，对宗族文化的延续，对乡村文明的弘扬，都具有重要的文化价值。在传承发展中华优秀传统文化的当下，创新乡贤文化，就应在进一步明确乡贤文化的历史文化价值与当代意义的前提下，深入发掘乡贤文化的内在价值和积极作用。具体来讲，就是要注重发掘乡贤文化对家国认同、乡村治理、乡村教育、乡村建设、乡村文明传承等方面的深层文化内涵，通过一个个乡贤人物，阐释乡贤文化的重要价值，梳理乡贤文化的积极意义，探索乡贤文化的传承创新路径。譬如家国认同，首先是基于对家族和家乡的认同。乡贤作为当地的贤者，不仅具有很强的凝聚力，而且还常常让乡党引以为豪，人们不论处于多么遥远的地方，只要说起共有的乡贤，就会立即引起强烈的共鸣，自然而然地拉近了人们之间的情感距离，从而形成对家族和家乡的认同。从这个意义上说，乡贤是家乡认同的标志性人物，也是促进家国认同的情感纽带。

乡贤文化对传承发展乡村文明，对当代乡村文化建设，对提升文化自觉、树立文化自信，对实现中华民族伟大复兴的中国梦，都具有积极意义。在大力弘扬传承发展中华优秀传统文化的当下，挖掘乡贤文化的丰富内涵，梳理乡贤文化的历史脉络，发掘乡贤文化的价值意义，进而创新乡贤文化，建设新乡贤文化，是传承发展中华优秀传统文化的内在要求，是提升文化自觉、树立文化自信的内在要求，也是实现中华民族伟大复兴的中国梦的内在要求。

为此，我们组织编纂了这套"乡贤文化丛书"，把自东汉以来的历代乡贤进行梳理，系统展示乡贤、乡贤文化的历史风貌和文化价值，以期让广大读者对优秀传统文化中的乡贤和乡贤文化有更多的了解，对乡贤文化的历史作用和当代价值有更多的认知，共同为创新乡贤文化、建设新乡贤文化作出应有的贡献。

"乡贤文化丛书"第一辑，我们精选了10位在中国历史上有一定影响的各地乡贤，他们不论在教书育人、修身齐家，还是在乡村治理、乡村建设、慈善赈济等方面均作出了一定贡献，成为人们传颂的典范楷模。在本辑编写过程中，每位作者均对自己承担的人物有一定研究，但因作者较多，行文风格各异，难免会出现一些不尽如人意之处，不妥之处，尚祈读者批评。

卫绍生　廉　朴

2018年5月20日

小　引

在中国慈善史上，以"职业慈善家"身份出现在公众面前的，应首推晚清江南大善人无锡人余治。

------◆※◆------

余治（1809—1874），字翼廷，号莲村，一号晦斋，又号寄云山人。清代常州府无锡县青城乡浮舟村（今江苏省无锡市惠山区前洲街道浮舟村）人。

余治的一生，大致可以分为两个时期。44岁之前，热衷于科举考试的余治像其他读书人一样，期望在科场上有所斩获。因家贫，他只好半耕半读，甚至当私塾先生时仍醉心科举，梦寐博取功名，光宗耀祖。44岁之后，他先后五次参加乡试，均以失败告终，遂幡然醒悟，自认命中注定无此功名，如果再把时光消磨在科举上，实为大不孝，遂绝意科举，专门从事挽风俗、正人心的慈善事业。

------◆※◆------

在慈善事业上，余治除恪守传统的慈善活动外，尤其重视劝善，开辟了编辑善书、编写剧本、创立剧班、巡回表演的形式，劝人行善，成为那个时代享誉大江南北的"余大善人"。

目 录

无锡余氏 …………………………………… 001

初尝人间辛苦事 …………………………… 006
    一、孩提困厄磨心志 ……………………… 006
    二、自幼明理孝双亲 ……………………… 010

苦读圣贤求功名 …………………………… 013
    一、苦读"四书"拜名师 ………………… 014
    二、借谷养亲有孝名 ……………………… 016
    三、醉心科场终无功 ……………………… 018

躬行慈善美名扬 …………………………… 021
    一、慈善事业代相传 ……………………… 022
    二、读书养家涉善事 ……………………… 031

劝善编著新蒙书 …………………………… 047
    一、新编蒙书赠学子 ……………………… 047
    二、劝善蒙书传佳话 ……………………… 049
    三、倡设义学助贫寒 ……………………… 057

四、训蒙重在立良规 ………………………………… 061

挽世风禁"淫书""淫戏" …………………………… 066
　　一、移风易俗禁"淫书" ……………………………… 066
　　二、倡导新风禁"淫戏" ……………………………… 073

建保婴会，立保婴局 ………………………………… 081
　　一、声讨溺婴恶习俗 ………………………………… 081
　　二、呐喊力倡保婴会 ………………………………… 087
　　三、力促慈善兴机构 ………………………………… 094

编撰善书行大义 ……………………………………… 097
　　一、手著《水淹铁泪图》 …………………………… 097
　　二、再著《江南铁泪图》 …………………………… 099
　　三、汇编善书《得一录》 …………………………… 104

不辞辛劳讲乡约 ……………………………………… 110
　　一、乡约小史说道德 ………………………………… 110
　　二、"木铎老人村学究" ……………………………… 113
　　三、保境安民立保甲 ………………………………… 118
　　四、费尽心思办民团 ………………………………… 120

梨园创作兴慈善 ……………………………………… 125
　　一、创作善剧移风俗 ………………………………… 125
　　二、组织戏班演善戏 ………………………………… 134

蛰居浙沪行善事 ·········· 138
一、行走苏南赈灾民 ·········· 138
二、奔波浙沪治善事 ·········· 142

慈善翘楚领风骚 ·········· 148
一、网罗士绅做善事 ·········· 148
二、襄助官员兴慈善 ·········· 153
三、善界桃李满天下 ·········· 158

孤灯耗尽终有时 ·········· 162
一、蜡炬成灰终不悔 ·········· 162
二、生前身后任评说 ·········· 164

附录：余孝惠先生年谱 ·········· 168

参考文献 ·········· 180

后记 ·········· 181

无锡余氏

在中国慈善史上，余治的名号足以让人肃然起敬，更让热衷于慈善的后辈高山仰止。可以说，余治是中国慈善史上标准的"职业慈善家"。

余治，清代常州府无锡县青城乡浮舟村人，即今江苏省无锡市惠山区前洲街道浮舟村人。今天的浮舟村在行政区划上归无锡市，但距离常州市也很近，其位置很特别，在常州、无锡的交会处，距离镇政府所在地前洲也不过区区2公里。

浮舟村就像大多数的江南水乡一样，四周环水，风光旖旎。浮舟就像湖面上漂浮的一片浮萍，四周波光十色，小村隐蔽在山水之间，宁静安详，仿佛陶渊明笔下的"世外桃源"。

浮舟村的历史可谓久远，从史书记载来看，至少已有近千年的历史。或许是这里风水好，或许是这里文风盛，或许是这里民风淳朴，历史上这里出现了不少名人硕学、世家大族。而最让人怀念的还是号称"职业慈善家"的余治。余治是浮舟余家的关键人物，浮舟余家因余治的慈善壮举让人缅怀，也使余家名扬史册。

浮舟余家，是土生土长的江南家族，还是像历史上众多的移民家族一样，祖根地在北方，为典型的移民家族？

从各种文献和《余氏家谱》记载可知，余氏在浮舟定居，时间应在元末明初。

查《新元史》等各种文献，余治的祖先出身显赫，元末位高权重，为大元朝殉难的余阙是其始祖。

余阙（1303—1358），字延心，一字天心，自号青阳先生。出生于庐州（今安徽肥东长临河）。据后人考证，余阙的先世西夏时一直居住在凉州，是西夏党项羌人。元朝灭西夏后，西夏党项人归附元朝，不断有西夏人内迁，或经商，或做官，久之不少西夏人留居内地，娶妻生子，繁衍后代。

元朝立国以后，虽未有明文法规，但在事实上实行四等人制，不同等级的人在政治上享受的待遇大不一样。在元朝，民族等级分四等：蒙古人，包括早期组成大蒙古国的各蒙古部落成员，居第一等；色目人，除蒙古族和汉族以外其他各民族的成员，主要指西域人，是最早被元朝征服的，如钦察人、唐兀人、畏兀儿人等，居第二等；汉人，指原来在金朝统治下的中原汉族及云南、四川等地较早降服元朝的汉族人，居第三等；南人，指原在南宋统治下的各族人，即淮河以南的南方汉人及少数民族成员，居第四等。生活于西北的各少数民族属于色目人，位居第二等，仅低于排在首位的蒙古人，在地位上远较汉人和南人高贵，因此也就有更多机会进入官僚阶层，扬名立万。

元朝中期，余阙的父亲沙喇藏卜在庐州（今安徽合肥）为官，举家移居庐州。余阙生于元大德七年（1303）正月十一，遂余阙自称庐州人。虽然余阙在其文集《青阳集》中自称"夏人"，但实已汉化，其语言、习俗、生活等和汉人无别。

余阙少年丧父，家甚贫，13岁开始读书。他与元代大儒吴澄的弟子、庐州人张恒交往频繁，成为挚友，学问日进。元统元年（1333），余阙以河南行省乡试第二名、会试第二名、殿试第二名，赐进士及第，授同知泗州，后转入翰林文学、中书刑部主事，曾为辽、金、宋三史修撰。

累官监察御史、中书礼部员外郎,出任湖广行省左右司郎中。至正九年（1349）迁翰林待制、出佥浙东廉访司事。

余阙生活的元末,政治黑暗,政局动荡。元朝官府横征暴敛,土地高度集中,社会经济衰败,阶级矛盾和民族矛盾激化。至正十一年（1351）,元惠宗征发农夫15万人修治黄河,民间秘密团体白莲教领袖韩山童及其门徒刘福通,利用农夫不堪元官吏欺凌和沉重劳役的情绪,秘密组织反抗元朝的活动,遂爆发了红巾军起义。在刘福通起义的影响下,大江南北许多地方相继爆发反元斗争,诸多起义军中以北方刘福通、南方徐寿辉两支为最强。这两支起义军将元统治区分成两段,南北隔绝,有力地打击了元朝的统治。除此之外,还有张士诚起义军活动于江浙地区。

在这种历史背景下,余阙被派往南方,镇守安庆。至正十二年（1352）,为了挽回危局,镇压红巾军起义,元帝任命余阙代理淮西宣慰副使、都元帅府佥事,分兵镇守安庆。至正十三年（1353）,余阙出守安庆,任都元帅,迁淮南行省左丞。此后五六年间,余阙率兵与红巾军激战百余次。至正十八年（1358）春,红巾军再次集结,战船蔽江而下,急攻安庆城西门。余阙身先士卒,亲自迎战。

史书记载,余阙守安庆期间,为鼓舞士气,在安庆城建立旌忠祠,集将校于祠下,大声道:"男儿生不为韦孝宽,死则为张巡、许远。为不义屈者,狗豕耳!"[①]韦孝宽是南北朝时著名的军事家、战略家,历北魏、西魏、北周,战功卓著;张巡、许远是唐朝著名将领,在安史之乱中固守商丘两年之久,最后城破被俘,英勇就义。余阙在安庆城危难之间,借历史上的名人品格鼓舞士气。在战斗中,突见城中火起,余阙知城池已失守,他见大势已去,又不愿投降受辱,遂拔剑自刎,沉于清水塘中。陈友谅感其忠义,派兵觅得其尸,殡葬于正观门外。元廷为了力挽颓势,

---

① 杨维桢:《余阙传》,《全元文》卷一三三〇,凤凰出版社,2004年。

鼓舞士气，对余阙的忠诚大加表彰，赠其为河南平章事，追封豳国公，谥忠宣。

在古代战争中，当一方失败后，得胜方往往会大肆抢掠，甚至对敌方的残兵败将，以至其家人痛下杀手。我们在史书中经常发现，当失败一方的主要将领被杀后，其家人担心受辱，往往会集体自尽。更何况元末起义军打着恢复汉家天下的旗号，对统治者怀有民族复仇的心情，对失败的元朝将帅更不会心慈手软，一定会痛下杀手。战争就是这样，失败一方的命运已经不能掌握在自己的手里，只有听凭别人的摆布，与其蒙受羞辱，不如一死了之。

安庆城破了，余阙死了，悲愤交加的余家人感到末日来临，或许是为了追随余阙，或许是为了不愿受辱，当张士诚的起义军逼近元帅府时，余阙的夫人蒋氏、女儿安安、长子得臣以及外甥福童等一起投井自杀。余氏一家几乎集体为大元殉难。后人将该井命名为"风节井"，并建"一家仁亭"于井旁，以此纪念余氏一家的忠贞节操。

余阙是一位对百姓苦难富有同情心和具有正义感的官吏。这在元末混乱的年代，殊为难得。后人对余阙的人品和德行给予了很高的评价，就连朱元璋也感叹余阙的忠诚，赞叹道："自兵兴以来，死节之臣，阙与褚不华为第一。"[1] 明人刘基对余阙的慷慨赴难大为赞赏，曾写《沁园春·生天地间》词给予褒扬，其词曰：

生天地间，人孰不死，死节为难。羡英伟奇才，世居淮甸。少年登第，拜命金銮。面折奸贪，指挥风雨，人道先生铁肺肝。平生事，扶危济困，拯溺摧顽。

清名要继文山，使廉懦闻风胆亦寒。想孤城血战，人皆效死；阖门抗节，谁不辛酸。宝剑埋光，星芒失色，露湿旌旗也不干。如公者，黄金难铸，白璧谁完。

---

[1] ［明］宋濂等：《元史》卷一四三《余阙传》，中华书局，1997年。

经此一难，余阙一家几乎中绝。如果余阙没有后人留下，也就不会有今天的无锡余氏。从文献中我们可以找到，明朝时宋濂在为余阙作传时，到处寻访余阙后人，还真找到余阙的幼子余渊。余渊在明朝时曾中举，这一支就是后来合肥、桐城等地的余氏。

余阙支脉和余治又有什么关系？从浮舟村《余氏家谱》《余孝惠先生年谱》可知，浮舟余氏的始迁祖也是余阙的后人，据记载浮舟余氏的始祖余德旺是余阙的次子，他没有随家人前往安庆，当余阙及家人死于安庆时，他在合肥随老师读书。当听到家人殉难的消息后，他害怕遭到报复，便听从老师的建议，举家迁到了浮舟村，过着隐居生活。

在今天的浮舟村，除了建于1697年的余氏祠堂，还有浮舟余氏始迁祖余德旺的墓碑。屈指算来，浮舟余氏在此生活了近660年。

从余德旺迁徙隐居浮舟村以来，余家基本上过的是默默无闻的生活，和当地其他的乡民一样，娶妻生子，耕读勤家，从没有炫耀过先世的功德。这一晃十几代过去了，当大清王朝即将步入衰败期时，浮舟余家诞生了一个了不起的人物，就是后来享誉江南的大善人——余治。

余氏始迁祖碑

初尝人间辛苦事

自从余德旺携家迁居无锡浮舟村后,余氏在江南这块土地上繁衍生息,经过明朝几百年的发展,余氏血脉已经深深扎根于无锡这块沃土,成为土生土长的无锡人。

浮舟余氏从元末到清中期,几百年默默无闻,和普通的乡野村夫一样,日出而作,日落而息,耕读传家,恪守家训,敦亲睦族,并没有什么特别让人骄傲的事情,俨然是普通的百姓人家。余氏先祖的荣光并没有给这个家族带来福佑,甚至有时生活还很窘迫。在很长一段时间,浮舟余家最多算是勉强度日的一般家庭。

一、孩提困厄磨心志

清朝立国之后,经历康熙、雍正、乾隆三朝的励精图治,进入鼎盛时期,出现了"康乾盛世"的繁荣局面。但乾隆之后,嘉庆登基,繁荣的社会表象背后蕴含着各种危机。与乾隆相比,嘉庆帝是一位既没有政治胆略,又缺乏革新精神;既没有理政才能,又缺乏果敢作为的平庸天子。嘉庆王朝,正是大清帝国由康乾盛世走向衰落的时期,嘉庆帝也被历史性地赋予了大清帝国由极盛转为衰败的悲剧命运。

翻阅史书,我们发现,嘉庆皇帝开始也并不完全是一个平庸无能之辈,他也想效法康熙、乾隆有所作为。其实任何一个帝王,不对自家江山倾注心血，任凭天下大乱，那是不可能的。作为帝王，尽管能力有限，怎会不想有所作为？又怎愿意祖宗打下的江山毁于自己的手里？我们从嘉庆登基伊始的所作所为就可以看出他的抱负。

嘉庆登基以后，乾隆皇帝荣退，当上了太上皇。可是老皇帝并不甘心退出历史舞台，尽管躲在幕后，还是操控着大清朝政。所以嘉庆登基后的前几年，这位新皇帝也不敢有所作为。嘉庆四年（1799）正月，乾隆帝驾崩，嘉庆开始亲政。面对乾隆末年危机四伏的政局，嘉庆皇帝打出"咸与维新"的旗号，整饬内政，整肃纲纪。诛杀权臣和珅，罢黜、囚禁和珅亲信死党。广开言路，祛邪扶正，诏罢贡献，黜奢崇俭。要求地方官员对民间实情"纤悉无隐"，据实陈报，力戒欺隐、粉饰、怠惰之风。

尽管嘉庆皇帝摆出一副大刀阔斧的改革姿态，对内政也进行一些整顿，但这些有限的改革未能从根本上扭转清朝政局的颓势。在国内，阶级矛盾尖锐，农民起义如火如荼。民间各种宗教利用秘密结社的机会不断起事，川、楚、陕爆发了大规模的农民起义。嘉庆十八年（1813），北方爆发天理教起义，部分天理教教徒在太监接应下冲进皇宫，差点酿成"汉唐宋明未有之事"。在对外交往中，嘉庆帝力主严禁鸦片，对英国侵略者在沿海的骚扰活动保持高度警惕，对英国提出帮助清朝镇压起义军、帮助澳门葡人处理法国居心叵测的要求，明智地严辞拒绝。嘉庆二十一年（1816），拒绝了英国提出的建立外交关系、开辟通商口岸、割让浙江沿海岛屿的要求。

清初的闭关锁国政策，使其对外来事物采取盲目的排斥态度。嘉庆帝在内乱频仍、外患渐逼中，企图倾力维护清王朝的稳固统治，然而不可逆转的历史发展趋势，使清王朝的败落于嘉庆末年已完全表面化，并从此走向衰亡。

与这些变局相比，生活在社会底层的老百姓，除遭受官府苛捐杂税

余治像

的盘剥外，最大的威胁就是自然灾害。从有关学者的研究来看，嘉庆、道光、咸丰、光绪年间，属于气候学上的"小冰期"。在这一段时间里，冷暖交替，顺治、康熙朝为寒冷期，雍正、乾隆、嘉庆朝为温暖期，晚清又转为寒冷期。气候的冷暖变化与旱涝有极大关系，清代自然灾害发生频率远超前代，呈现发生频率高、地区分布广、成灾面积大的特点。

不管是政治的、经济的，还是自然的，均预示着清中期以后直至晚清，一场前所未有的变局开始形成，带给社会的变化也是非常明显的。

作为大元忠臣余阙的后人，余氏在无锡浮舟小村繁衍了十几代。余氏传至十四代余维樛，十五代余昭燎，十六代余兹恬、余来贡，基本上过的都是勤耕读、敦孝友的生活，生活不算富裕，勉强过得去。

嘉庆十四年（1809）农历十一月十九，在浮舟余氏老宅，一个小生命诞生了，这就是余治。在余治未出生时，余家人上上下下充满了各种期待。余治的父亲余来贡兄弟三人，均已娶妻成家，但人丁并不旺。三兄弟在余治出生前，只有余来贡生有一子，也就是余治的哥哥余齐。余治的父亲是老大，老二是书田公余来朝，老三是蓝田公余来聘，当时余家三兄弟只有余治哥哥这一根独苗。在余治未出生前，余家三兄弟都对这根独苗呵护有加，给予了很大的希望。

在中国人的传统观念中，"不孝有三，无后为大"，无后也就意味着绝户，在家族和世人面前抬不起头，所以在很多情况下，无儿子的家庭，首选从兄弟家里过继儿子，也就是将侄儿过继为子，继承自家的香火；再者就是收养养子，或收养贫家之子，或花钱购买。总之，无子继承香火是他们的心头病。

余家三兄弟只有余齐这根独苗，自然视为掌上明珠，但两个弟弟谁也不愿开口谈过继之事。不管怎么说，老大只有这一根独苗，唯一期待的就是大嫂能再生一个儿子，这样才能遂了他们的心愿。

天遂人愿，当余治出生后，余家人总算把悬着的心放了下来。从有关记载了解到，余治出生前，其生母孙氏梦见有五色祥云从天空飘落下来，孙氏很诧异。余治一出生，满屋飘香，余氏一家人也是感觉很奇怪。今天看来，这些都是无稽之谈，但是古人就是有这种迷信。诸种征兆显示这个孩子不一般，日后要么大富大贵，要么会做出惊天动地的事情来。其实所有的征兆都在为余治的一生做铺垫，享誉江南的大善人绝非一般人，而是上天赐予的非等闲之辈。

余治出生后，生母孙氏身体一直不好。当他1岁多时，母亲病重，已经无力再抚养这个儿子，本来就有心想过继余治的余家老二，看到嫂嫂如此身体，便有了让余治过继给自己的想法。余家老二提出这个想法后，余治的父母也感觉到无力再抚养这个儿子，余治的父亲就把此事告诉了母亲胡老夫人，也就是余治的奶奶，老夫人欣然同意。就这样，不到1岁的余治过继给了二叔，由二叔余来朝、二婶胡氏抚养。余家老三余来聘夫妇也没有儿子，在胡老夫人的建议下，余治同时担起接续二叔、三叔的香火。余治从此离开亲生父母，跟随二叔一家生活。这样的家庭组合正是儒家传统家庭伦理的反映，也是现实社会的真实写照，这无疑或多或少会对余治的传统价值观念的形成产生影响。

嘉庆十六年（1811）二月，余治的生母孙氏因病去世，那时余治也就1岁多。此时的二叔家里经济也不宽裕，正常的生活有时也会出现问题，文献中说"家贫甚"。日子再难过，二叔一家也没有怠慢过余治，二叔、二婶把余治视为己出，像对待亲生儿子一样悉心抚养。余治生母去世后，余治还没有断奶，二婶白天抱着他向邻居乞求母乳，晚上就熬一些米粉之类给他充饥，甚至已经出嫁的本家姐姐也担负起喂养余治的重任。为了养活余治，二婶胡氏操碎了心。

就这样，余治在二婶的悉心照顾下，顽强地生存了下来。贫寒的家庭生活，也磨炼了他的意志，使他从小就知道生活之不易，也让他从小就体验到贫寒人家的拮据生活。

二、自幼明理孝双亲

在这样的环境下，余治不知不觉长到五六岁。

在他5岁多时，生父余来贡为了养活一家老小，离开了浮舟村，前往苏州营生。余治只有跟随二叔、二婶生活，这样的家庭环境，从小就培育了他怜悯的性格。他看到婶母胡氏日夜操劳、疲惫不堪，心里甚是心疼，也为自己年小力薄不能替母分忧而难过。

或许是上苍故意要磨炼余治，余治7岁的时候，一直心疼他的奶奶胡老夫人去世了，余治痛彻心扉。在奶奶的葬礼上，小余治表现出超出同龄孩子的能力。在中国传统礼仪文化中，葬礼是最为隆重的，各种各样的程序，讲究的就是孝子贤孙的孝顺行为在葬礼上的集中表现，繁缛的葬礼程式犹如一道道幕剧供旁观者观看。作为孝子贤孙，内心的悲痛谁也体会不到，但恪守孝道的礼仪，却成了展现中国人孝道的具体表现。

奶奶的去世，对余治打击很大，一个六七岁的小孩儿，本是懵懵懂懂，但余治似乎早熟，似乎比一般的孩子更能体会到丧失亲人的痛苦。在奶奶的葬礼上，他同大人一样，严格恪守儒家孝道的仪式，随父兄痛哭、守灵、送葬、祭奠，这些程式，使童年的余治过早地体会了母慈子孝、仁义礼节的价值观念，儒家的价值观念在他幼小的心灵开始萌发。余治在乡人的眼里是那么懂事，他成为许多家庭教育孩子的榜样。

嘉庆二十二年（1817），9岁的余治比一般的同龄孩子早熟了很多，也到了进入私塾接受童蒙教育的年龄段。

私塾是私学的一种，是中国古代社会开设于家庭、宗族或乡村内部的民间教育机构，类似于我们现在的私立学校。它是旧时私人所办的学校，以儒家思想为教学内容。清代地方儒学有名无实，青少年真正读书受教育的场所，除义学外，一般都在地方或私人所办的学塾里。因此清代学塾发达，遍布城乡。在私塾里，私塾先生根据儿童特点，教读《三字经》《百家姓》《千字文》等蒙童读物，除读书背诵外，还有习字课，从教师扶手润字开始，再描红，再写映本，进而临帖。学童粗解字义后，则教以作对，为作诗做准备。

余家尽管不富裕，但是对于子女的教育一点儿也不敢放松。余治到了接受童蒙教育的年龄，二叔余来朝非常上心，就把他送到当地的一家私塾学习。余治在私塾学习很刻苦，《三字经》《百家姓》《千字文》这些蒙童书籍，他都能倒背如流。他自知家境不好，二叔一家能让自己读书，也是下了很大决心的，他不能辜负家人的期望。

别看余治年龄不大，但在读书明理方面显得与众不同，他读书善于思考，善于把书中的道理运用到实际生活中来。在学馆读书时有一件事在当地引起轰动，也让人们对余治刮目相看。

有一次授课老师外出，就让学馆管理人员代替上课。在课堂上学馆管理者没有教给孩子儒家典籍，而是把民间流行的饮酒诗抄录在黑板上，一边讲解喝酒的雅趣，一边让学生背诵。很多孩子好奇，但余治对此很反感，他认为让学生学习饮酒诗很不合适，"酒为误人物"，不宜学习。放学回家后，他闷闷不乐，二叔问他为什么不高兴，余治把这件事告诉了二叔。二叔很是惊讶，小小年纪能有如此感悟，真不简单。此后每逢闲暇，二叔就给余治讲解《二十四孝》。

俗话说百善孝为先，"孝"是中国古代重要的伦理思想之一。元代郭居敬编《二十四孝》，序而诗之，用训童蒙，成为宣传孝道的通俗读物。《二十四孝》由历代二十四个孝子从不同角度、不同环境、不同遭遇行孝的故事集合而成。由于后来的印本大都配以图画，故又称《二十四孝图》。

余治对《二十四孝》里的故事表现出浓厚的兴趣，也被故事情节深深感动。这些故事对以后他的思想品格的形成起到了重要作用。余治从小就知道感恩父母，与他熟读历代孝子故事有极大关系。可以说余治从小就受到儒家思想和伦理的熏陶，这与他以后孝顺父母、兼爱天下的言行是分不开的。

科举是一种官员尤其是文官的选拔制度。因以分科考试选拔官员，故名"科举"。它是中国古代的一项重要制度，对中国社会和文化产生了深远的影响。它打破了中国自古在选拔官员时对出身的要求，使得魏晋时"上品无寒族，下品无士族"的由门阀士族把持朝政的局面几乎消失。同时科举也催生了一个影响中国千余年的阶层——"士大夫"。科举制不仅深深影响了中国，朝鲜、越南和日本等亚洲国家也都曾引入这种制度来选拔人才。科举是中国乃至世界第一种面向全体人民的公平的官员选拔制度。

开科取士，始于隋朝，历经唐、宋、元、明、清，成为所有读书人梦寐以求改变人生命运的重要途径，尤其是出身寒门的读书人，对他们来说这几乎是唯一的跻身仕途，改变个人、家庭、家族命运的途径。虽说科举在清末被废除，但这种考试制度和考试方式却被人们继承下来，像我们现在的高考、公务员考试等，都是这种形式的延续。尽管人们对流行一千多年的科举考试褒贬不一，但相对而言，它的独特作用还是一直吸引着人们，比如科举为政府从民间选拔人才，打破贵族世袭，以及整顿吏制都提供了好的途径，这种选才制度无疑是一种相对公平、公开、公正的方法，科举做到了不论出身，贫富者皆可参加，这样不但拓宽了官方选拔人才的基础，还让处于社会中下层的知识分子有机会通过科考向社会上层流动。"非进士不入翰林，非翰林不入内阁"，科举成为高级官员的必经之路。科举推动文化知识在民间的普及，培养了独具特色的民间读书风气，对知识的普及起到一定作用。再有就是科举不仅能改变普通人家的命运，而且还能光宗耀祖，提高家族在当地的影响力。

诸多好处，让成千上万的人家想方设法甚至倾其所有送孩子进入学堂读书，有的不惜高薪聘请名师指导孩子，培养孩子的学习兴趣，提高孩子的知识能力。

浮舟余家也摆脱不了世俗的期待，尽管家境不富裕，依旧竭尽所有为余治聘请名师，为的是有朝一日余治能科考中举，改变家族的命运。

一、苦读"四书"拜名师

明清时期的科举考试，有乡试、会试、殿试之分。乡试是各省的考试，会试是在京城的考试，殿试就是皇帝亲自主持的考试。一个人如果能经过这三道关，最后就是入仕为官。明清时期乡试、会试头场考的是八股文，能否考中，主要取决于八股文的优劣。所以，一般读书人往往把毕生精力用在八股文上。八股文以"四书""五经"中的文句做题目，只能依照题义阐述其中的义理。

可以看出，"四书""五经"是士子们必考的内容，是儒家经典书籍。南宋以后士子学习儒学的基本书目，也是儒生学子的必读之书，更是科举考试的指定书籍。"四书"指的是《论语》《孟子》《大学》《中庸》，"五经"指的是《诗经》《尚书》《礼记》《易经》《春秋》。

明清时期绝大多数的学子学习的目的自然逃不脱科举的藩篱。为了实现读书入仕的目标，不论是私塾、学堂，还是高薪延请名师，教授孩子学习的科目主要还是"四书""五经"。"四书"不仅成为儒学的重要经典，而且也成了每个读书人启蒙、入仕的必读书。所以，有人把"四书"与西方的《圣经》相提并论,认为它是东方的"圣经",一点儿也不为过。

余治从9岁开始,跟随当地名儒学习"四书"。9岁时跟随顾瀛州学习《大学》《中庸》《论语》,10岁开始学习《孟子》,11岁跟随周承益学习儒家典籍《毛诗》。

在私塾学习,余治表现了很好的学习热情和感悟力。在学习上,不仅追求学习书本知识,而且还严格按照"四书""五经"的要求,检讨自己的言行,把自己的思想行为与"四书"的要求相对照,有一点儿不符合经典要求就会反躬自省,所以文献中说他在私塾读书,"出入必告,举止不苟"[①]。他对老师讲的内容有很强的参悟力,只要老师讲了一遍,他就心领神会。

尽管余治只有十一二岁,但他绝对算得上出类拔萃。他知道自己家境不厚,无法与那些官宦富家子弟相比。叔婶能够供自己读书,也是倾其所有,所以他时时感念家人的恩典。每天从学堂回来,他没有像其他孩子一样嬉戏游玩,而是放下书包,不是打扫院落,就是帮助提水。凡是自己能干的活,他都会主动抢着干,从来没有顶撞双亲或拂逆双亲的意愿。

道光元年(1821)八月,余来朝不幸病故,只留下余治和婶母相依为命。在中国农村,男人就是家里的顶梁柱。顶梁柱没有了,仿佛天塌了下来。二叔在世的时候,余家本来就不富裕,最多也就是勉强度日;二叔没有了,这一家的生活就更难了,甚至连基本的一日三餐也成了问题。《余孝惠先生年谱》中说"书田公卒,家益困,不能具修脯",当是实情。

少年的余治经历了两次大的人生变故:1岁多母亲去世,靠乞讨别人的母乳才活下来;在他人生最需要帮助的时候,养父二叔又去世。接

---

① [清]吴师澄:《余孝惠先生年谱》,《无锡文库》第3辑,凤凰出版社,2016年。

连的变故，接连的打击，使他幼小的心灵承受了不该承受的重压。

余治是个孝顺的孩子，还是个不甘心向逆境低头的孩子。

二、借谷养亲有孝名

家庭的变故，让余治的读书科举之路陷入困难境：继续拜师读书，家庭情况不允许，他不能让年过半百的婶母一人承担起家庭的重担，那样实属不孝。为了自己求取功名，不顾婶母的死活，余治是怎么也做不出来的，这也有悖多年苦读圣贤书的初衷。为了缓解家庭困难，余治不得不中断学业，一边自学一边操持家务，开始了他半耕半读的生活。

一个只有十二三岁的孩子，要是在寻常家庭，不是在学堂读书，就是在父母怀中撒娇。这个年龄段的孩子应该是无忧无虑、天真浪漫的，然而余治从此开始了他的辛苦人生路。为了减轻家庭负担，余治不得不用孱弱的身体扛起家庭的重担。他像所有乡村农民一样，早出晚归，把汗水和辛劳撒在农田。

尽管家庭困难，又承担着繁重的农活，但余治对读书求取功名的愿望一丝也没有减弱，他不愿意就这样碌碌无为埋首于农田，他的愿望还是通过科举博取功名，改变自己的命运，光宗耀祖。

他一边耕地，一边继续自己的学业。白天耕种，晚上读书。夜深人静，当别人熄灯睡觉时，余治住的小屋内，一盏油灯忽明忽暗，灯光下，一个弱小的身影在捧书苦读。

作为养母的二婶胡氏，在丈夫去世后，不得已挑起家庭的重担，她不忍心让一个十二三岁的孩子过早地承担起家庭重担。除了农活，她还日夜纺织，操持家务，辛苦异常。这一切余治都看在眼里。有几次，余治不忍心婶母太辛苦，打算放弃学业专心学一门手艺，但婶母死活不依。在余家人看来，余治是一块读书的料，浪费了实在可惜。余家的荣华富贵都寄托在他一人身上,放弃学业就意味着放弃家族的希望,那是万万不能的。在婶母的一再哀求下,余治只得含泪答应,一边务农一边求学。

到了15岁,余治过得极为辛苦,但学业一点儿也没有落下。为了弥补家用,在乡人的推荐下,他在村里的一家私塾当起了私塾先生,开始教儿童读书识字。

余治在私塾里当教书先生虽然能弥补一点儿家用,但生活依然困顿,甚至连笔墨纸张也买不起。但他对书籍尤为爱惜,于是他养成了一个习惯,每天出门前都要佩带一个布囊,在路上发现有人扔在地上的纸片,就收藏起来,一来可以读读这些字是什么意思,二来也可以用来练习写字。

就这样,余治在乡间私塾一待就是几年。不仅学业没有荒废,而且所学也有了用武之地,他将自己所学的知识教给孩子们,还把自己对儒家伦理的心得教给孩子们,恪守儒家传统教育的精髓,使孩子们从小就对儒家文化顶礼膜拜。

私塾先生的生活是孤寂的,但也是惬意的,至少对余治来说,他有更多的时间学习儒家典籍,为将来科举考试做准备。

私塾先生的收入并不高,如果养活一个人可能勉强可以,但要维持一家人的生活就有点犯难。私塾先生的收入主要是学童的学费,如果遇到灾荒年,村民交不起学费,老师的收入也就难以保证。有很多次,家里实在揭不开锅,余治不得不向学馆借粮奉养婶母。

尽管条件艰苦,余治对教书仍一丝不苟,对教给孩子们什么内容,他有自己的主见。他依据儒家忠孝仁义的理念教育孩子,让他们从小就知道什么是孝悌。他曾经说:读书做学问,不明白其中的道理,是不能做别人的老师的。他对自己的信条始终不渝地恪守,为此也赢得人们的敬重。

三、醉心科场终无功

在明清时期，成百上千的读书人朝思暮想的就是能考取功名，不负一生所学。但考取功名谈何容易？一般来说有三道程序：一是生员考试，也就是秀才考试。童生考取生员，一般要经过本县、本府和学政三级考试，每年有一次考试。考取生员，就获得了秀才的资格。二是乡试，考场在顺天府和各省省会。乡试考中，就获得一个永久性的名称——举人。乡试考试每三年一次，参加考试的必须具有秀才的身份。三是进士考试，也要经过会试、复试、殿试三关，参加进士科考试，必须取得举人的身份。经过如此三关才有可能获得进士，所以科举考试看似容易，真正能连闯三关者少之又少，加上每次进士科考试只录取一二百人，真正能笑到最后者很少，大部分读书人在前两道关就被刷掉。像《范进中举》中的范进，辛苦了一辈子才获取功名，因压抑太久，一朝考取，精神崩溃。

想参加科举考试，私塾里学习的知识远远不够，必须熟读儒家传统经典，也就是当时考场上必备的考试书籍"四书""五经"。"四书""五经"要比一般的蒙童读物高深得多，必须对这些经典有所感悟才行。尽管余治在私塾里一边教书一边自学，但没有名师指点很多问题是解决不了的，尤其是想参加科举考试，必须投拜儒学名师，聆听名师的考场指南。

道光七年（1827）春天，19岁的余治遇到了名师。这年江阴名儒薛晴岩被浮舟顾氏家族聘请为学馆老师，教授顾氏子弟读书。余治足不出户就可以遇到这样的名儒硕学，真是天赐良机。于是余治就拜在薛晴岩门下，利用闲暇，开始系统地学习儒家典籍。

余治白天在私塾教授蒙童，晚上则跟随薛晴岩学习。余治跟随薛晴岩学习了很长一段时间，在此期间，他认真读完了儒家典籍"六经"。这年夏天，开始学习科举考试的科目。因为得到名师指点，余治进步很快，他与薛晴岩的关系如同父子，后来薛晴岩于同治年间去世，余治非常悲痛，自认受恩师教育眷顾有加，此番恩典无以为报，就在内心为恩师服丧三年。在中国传统社会，为父母守丧是很隆重的，一般有三年丧期，为官的也必须告假回去守丧，外出经商的也必须放下生意回去守丧，这是传统社会提倡的孝道和伦理要求，任何人都不能违背。作为学生，能在内心为师守丧三年，足见余治重师的品德。

此后，余治还认真学习了《史记》《汉书》和"唐宋八大家"的文章。道光九年（1829），21岁的余治第一次参加童试，也就是秀才考试。可是谁也没有想到，第一次参加童试，余治却名落孙山。童试没有过关，就更别想举人考试和进士考试。

第一次失利，似乎没有对余治产生太大的打击，除了继续担任私塾教职，就是不断利用一切机会拜师学习。

道光十三年（1833），25岁的余治与华云莩交游，不论是在当地的文人社团还是研读科举的八股文，余治的才华都得到大家的认可，力压群雄。道光十五年（1835），已经27岁的余治得补金匮县学附生。28岁跟随元和人张咏仙游学，29岁与大儒李兆洛游学，31岁从江阴县暨阳书院毕业。咸丰二年（1852），已经44岁的余治第五次参加科举考试，再一次失利。从1829年到1852年，23年时间，余治参加了五次乡试，均名落孙山。

李兆洛像

人有时候就这么奇怪，期望越大，失望就越大。20多年的期待，每一次都是以失望告终。经过一系列的打击，余治对科举之路产生了怀疑和动摇。孔子在总结人生经验时说："吾十有五而志于学，三十而立，四十而不惑，五十而知天命，六十而耳顺，七十而从心所欲。"[①] 对余

---

① 《论语·为政》。

治来说，人过了40岁，应该能看清生活或者生命的本质，对未来有一个清醒的认识，对事物的本质有着更透彻的了解，对于人生不再产生疑惑。事实上也是如此，在科场连续失利后，他对通过科举考试改变自己命运的愿望产生了怀疑。对此他有一番总结：

> 昔人捧檄而喜，为亲在也。今而知科名，只有命焉。徒使岁月消磨，而吾父母在天之灵，略无所慰，罪何可逭？①

在余治看来，过去之所以一心沉醉科举，是为了博得功名，赢得父母的欢心。现在知道能否考上进士，不全由个人的天资和努力，是命中注定的。命中无此科名，一切努力都是白搭。把自己的一生都消磨在科举上，对于父母的在天之灵，一点儿也得不到安慰，又有什么罪过可以逃避？人就怕不理智，不会规划自己的人生。余治经过多次打击，终于明白不能再把大好岁月浪费在考取功名上，人生必须有所转变。

从此以后，他断然放弃科举之路，开始走向另外一条人生之路，开始他"挽回风俗，救正人心"的慈善之路，并最终成为在中国慈善史上人人称道的"慈善家""大善人"。

对于自己的职业转向，余治有诗为证。44岁之前，他怀揣着"一朝丹凤衔书到，足底能生万里云"的梦想，孜孜以求科举功名。但44岁之后，在经过五次科考失利后，他"登第、拜相、飞黄腾达"的志向产生动摇，即如他在《冬夜暗坐》中所说："自愧此生多缺憾，算来只有志非贫。"在以后他更是对之前的读书求名的人生进行了彻底的反省："悔当初瞎奔跑，经几度秋风氅氀，科名何物催人老，把有限光阴、把有用精神消磨多少？"②

从此，余治的人生发生根本转变，从求取功名转到行善、劝善的道路。

---

① ［清］吴师澄：《余孝惠先生年谱》。
② 蔡毅：《中国古典戏曲序跋汇编》之《庶几堂今乐序》，齐鲁书社，1989年。

中国历史上不乏行善、劝善的人物，综观中国历代的慈善活动，不外乎四种类型：一是官府慈善，二是宗族慈善，三是宗教慈善，四是个人慈善。到了近代，随着民间社会团体的勃兴，社团慈善成为一种新的类型，与上述四种类型并行，对于生活在社会底层的贫苦百姓而言，无疑是一种新的福音。

在历史上，不论是哪朝哪代，人们面临的人生难题不外乎两类：一是自然灾害，一是人为祸害。由于气候环境的变化，人在大自然面前显得十分渺小。不断的天灾，如水灾、旱灾、冰雹灾害、蝗灾、瘟疫等一系列的自然灾害已是难以应付，人为灾祸更是可怕，诸如苛政、赋税、徭役等，许多百姓挣扎在死亡线上。面对成百上千的灾民，历代官府都不得不采取一系列的救助行动，设立一些专门机构救济救助灾民、贫民。如春秋初期，齐国在都城临淄创建了养病院，收容聋哑人、盲人、跛足等残疾者并进行集中疗养；东汉初年，黄河一带瘟疫流行，官府专门建立医疗机构，收治贫民；南北朝时，官府专门建立了收救残疾人和流浪者的"六疾馆""孤独园"；宋时，官办慈善机构大量涌现，出现了"居养安济院""慈幼局""慈幼庄""婴儿局""举子包""举子田"等慈善机构和慈善资产；到了明清时期，除了官办慈善机构，还出现了"同善会""广仁会""同仁会"等民间慈善团体。

从某种程度上讲，伴随着人类文明的进程慈善事业从无到有，从官府到民间，从达官富人到普通

躬行慈善美名扬

民众，都有不少的行善举动。怜悯之心，人皆有之。面对生活困难的人，面对自然灾害，行善成为一种品德，劝善成为一种善举，越来越多的人加入行善、劝善的行列，演绎了中国慈善事业的壮举。

一、慈善事业代相传

余治生活的时期，是大清王朝从极盛转向衰落的时期。康乾盛世后的社会渐渐露出颓败的迹象，苛政、赋税暴敛使得百姓生活窘困。在这一时期，大自然也来凑热闹，就像我们在前面所提到的，这一时期在气候学上属于冷暖交替期，伴随着气候上的变化，自然灾害频仍，尤其是水灾、旱灾，造成了大量灾民流离失所，他们拖家带口，拥入城镇和无灾的乡村。面对这些饥肠辘辘、贫寒交加的灾民，很多人自愿加入行善的行列，积极救助灾民。

余治生活的江南地区，明朝时就形成了慈善的传统，涌现出了许多彪炳史册的慈善家。江南地区的慈善传统，无疑对后来的慈善家们是一种鞭策，一种榜样。每逢遇到灾荒之年，总有慈善家站出来，出钱出力，帮助灾民和贫寒人家度过灾年。

江南多善人，这是明清时期江南地区慈善事业的最大特点。明清时期江南地区何以出现这么多的慈善家，甚至出现一个慈善群体？这与江南地区经济发展水平和文化发展水平分不开。

江南地区，严格意义上从唐宋时期就成为全国经济文化发展的中心，明清尤甚，是当时全国经济最发达、文化最昌盛、人才辈出的区域，尤其是商品经济的发展打破了田园牧歌式的传统生活，成了全国最引人注目的地区。江南经济繁荣、文化昌盛、人才辈出，对社会各个方面均产生了重大影响，在慈善领域更是独领风骚。江南地区善堂善会林立，而充满善心的"善人"更是不断涌现，呈现出梯队慈善家的态势，而且不同时期的慈善家都有传承关系，后代慈善家不同程度呈现出对前代慈善家的敬仰和效仿，尤其是前代慈善家的思想和壮举都深深在后代慈善家的身上体现出来，并根据时代的发展有所创新。

提起明清时期的江南慈善家群体，我们可以看出这样的慈善谱系：晚明江南慈善家袁了凡、高攀龙和陈正龙—清代前期彭绍升—清代中后期潘曾沂、余治、冯桂芬。从这条线索，可以看出明清时期江南善人群体的出现，并不是个体的单打独斗，而是前赴后继，层层累进。由此可以看出，行善、劝善风气的形成，对一个地区会有多大的影响，对一个地区人们的道德形成具有怎样的示范作用。

正是因为余治的行善、劝善思想秉承了明清以来江南地区的慈善传统，了解余治就必须对明清时期江南地区的慈善谱系有一个明确的了解。在此我们不惜笔墨，梳理明清以来江南地区那些彪炳史册的慈善大家的思想和举措，这对我们深入了解一介寒士余治倾其一生致力于行善、劝善的事业大有裨益。

先说明末大善人袁了凡。

袁了凡，江苏吴县人。他是明朝重要的思想家，也是迄今所知中国第一位具名的善书作者。他的《了凡四训》融会了禅学与理学，劝人积善改过，强调从治心入手的自我修养，提倡记"功过格"，并在社会上流行一时。《了凡四训》虽说是一部家书，但它的影响力、传播范围和渗透力远远超过当时社会上流行的《朱子家训》。《朱子家训》虽采用朗朗上口的歌诀形式来宣扬儒家道德，但给人的印象还是有点说教的味道。

《了凡四训》是袁了凡的读书心得，在这部书里，他结合自己的人生遭遇、社会实践和亲身体会，告诉子孙一个道理，那就是要与天命抗争，向命运挑战，并通过自己的不懈努力来改变自己的命运。这种不信天命的思想，在当时是多么了不起。

这四篇家书，其实就是四篇"诫子文"，之所以在社会上很快流行，还在于它向世人提出了如何掌握命运的四种方法，也就是袁了凡一再强调的"立命之学""改过之法""积善之方""谦德之效"。后人把这四种方法称为实践、改变命运的精华，甚至在日本、韩国等国家，把它称为"善书"。

袁了凡虽然出身官宦人家，生活却非常俭朴，而且喜欢布施做善事。他一再告诫子孙，要安于贫穷，勤奋读书，助人为乐。不管再忙，他每天都会扪心自问"我做了哪些好事"，并把这些善事记在"功过格"上，以此警醒自己。

袁了凡喜欢做善事，他的家人也都受到感染，其妻子非常贤惠，经常与他一起做善事。

史书记载，有一次她为儿子缝制棉袍，想买些棉絮。袁了凡就问："家里有丝绵，又轻又暖和，为何还要买棉絮呢？"妻子回答："丝绵贵，棉絮便宜，如果把家里的丝绵拿出来换成棉絮，这样就可以多做几件棉袄，送给穷人过冬，不是更好？"袁了凡对此大加赞赏。

袁了凡秉持的立命之学就是"命由我作，福自己求"，以行善积德规劝世人，对当时的社会产生了重大而深远的影响，可以说当时社会掀起了一场"劝善行动"。袁了凡的劝善思想之所以在社会上产生如此大的影响，还在于明朝后期，针对社会危机四伏、弊病丛生的现状，他力图通过端正人心、整顿风俗的办法来重建封建道德和社会秩序，致力于"救世"。袁了凡振臂一呼，响应者四起，"上自朝绅，下及士庶，尊信奉性，所在皆然"[①]。即便到了后来，人们也以袁了凡的思想自勉，致力于劝善慈善活动。到了清代，袁了凡开创的"功过格"依然盛行，并成为行善之人普遍使用的办法。

袁了凡劝善的核心内容就是"命由我作，福自己求"，也就是说，

---

① ［清］张尔岐：《蒿庵集》卷一《袁氏立命说辨》，齐鲁书社，1991年。

是否通过科举获取功名不重要,只要自己多行善积德,照样可以改变自己的命运。对此,比袁了凡稍晚出的另一位慈善家陈正龙的理解更为透彻,他总结道:

> 或因一点孝心,或因一段济人救物的真心,便能感天地,动鬼神。可见总是个"命"字。要把气力算计去变他,决变不来。若有一段至公至诚的心田,不知不觉,他自会变了。
>
> 我今开一句口可以振援人,行一件事可以救济人,分明是上天与我修福的地位。况长存好心,长行好事,富贵的地位,原不曾因此失了,一面修福,一面未尝不享福。[①]

袁了凡的劝善思想,与佛家的因果报应有异曲同工之妙。想一想也是,一个人的命运,靠天靠地,不如靠自己。如果多行善事,多积福德,照样可以享受富贵。

可是现实社会总有好人没好报、坏人多享福的现象,你劝别人行善积德享富贵,可是那些恶人、那些吝啬小气的人也长寿富贵,这该如何解释?对此,袁了凡说:"善是有很多种的,行善的人应该分清善的真假、难易、是非、正偏、大小,不应该只追求数量不追求质量,甚至还以为自己做了善事,殊不知却是造了孽,枉费了自己的一番苦心,当然也就无法改变自己的命运。"

袁了凡的劝善、行善思想,无疑对后来余治的行善、劝善活动产生了直接的影响,行善、劝善不只是贵人富人才能做,普通老百姓照样可以行善,照样可以名扬天下。余治就是这一思想的实践者和成功者。

再看明末另外两位慈善家高攀龙、陈龙正。

高攀龙(1562—1626),字存之,又字云从,江苏无锡人,世称"景逸先生"。明朝政治家、思想家,东林党领袖,"东林八君子"之一。高攀龙在历史上的影响力并不是由其官位的高低来决定的,主要还是在

---

① [明]陈龙正:《几亭全书》卷二四《政书·乡筹二》,北京出版社,1998年。

学术上。他是东林党领袖,又是当时著名的大儒,《明史·高攀龙传》记载:"操履笃实,粹然一出于正,为一时儒者之宗。海内士大夫,识与不识,称高、顾无异词。"由此可见,高攀龙和顾宪成在明末儒林是大家公认的领袖。

高攀龙除在儒林影响卓著外,在慈善事业上同样举足轻重。万历四十二年(1614),攀高龙和东林书院的主要成员刘元珍、陈幼学、叶茂才等在无锡创办了同善会。身处晚明乱世的高攀龙,深感"当今世道交丧,无计挽回"①,作为深受儒家思想熏陶的官僚士大夫,他不甘心沉沦,力图在力所能及的范围内进行"救世"努力。关注民生,千方百计救助贫民就是其采取的主要办法。

在其所撰的《家训》中,他一再告诫子孙:

> 古语云,世间第一好事,莫若救难怜贫。人若不遭天祸,舍施能费几文?故济人不在大费己财,但以方便存心。残羹剩饭,亦可救人之饥;敝衣败絮,亦可救人之寒,酒筵省得一二品,馈赠省得一二器,少置衣服一二套,省去长物一二件,切切为贫人算计,存些盈余,以济人急难。去无用,可成大用;积小惠,可成大德。此为善中一大功课也。②

在他看来,救济贫人是官府的责任,官府不仅要设立救济院来收养那些鳏寡孤独之人,还要想尽一切办法解决那些流落街头、无以自活的流浪者的生存问题。为了实现自己的救世主张,他与同人于万历四十二年(1614)在无锡建立了同善会。高攀龙在《同善会序》中说:"钱启新先生倡同善会于毗陵,其会岁以季举,会者人有所捐,聚而储之,见有隐于中者施之,于是,无告之人,寒者得衣,饥者得食,病者得药,死者得槥。同会者人人得其善。"

---

① [明]高攀龙:《高子遗书》卷八上,四库全书本。
② [明]高攀龙:《高子遗书·家训》,四库全书本。

在无锡《同善会规例》中，高攀龙撰写的规例主要有以下内容：

会名同善，每季主会，不论有爵无爵，但素行端洁、料理精明者，即可公同推举，轮流任事。

会期定四仲月之望，倘有事须易，主会于旬日前，揭于会所。

会日俱以巳刻……司讲者用通俗语言，不烦文采，务使人人易晓，感到善心，倘虑听者未谙，每会更大书讲语一纸，粘贴会所壁上。

会赀自九分至九钱止……俱自书尊好银数，临期持付司籍者登记。不赴会而愿助者听，于先期送主会处收贮，后期而愿入会者补送……

会赀随所至多寡，约为三分，以二助贫，以一给棺。助贫以劝善为主，先于孝子节妇之穷而无告者，次及贫老病苦之人，公不收于养济，私不肯为乞丐者。要在会中诸友平日咨访的确，会后五日内即赈给，以省酬应之烦。其它一切穷民，力难遍及，止于会日俟众将散时，主会当面以零钱随意施舍，尽其一念而已，余日皆不给。至于不孝不悌、赌博健讼、酗酒无赖及年力强壮、游手游食以至赤贫者，皆不滥助，以乖劝善之义。

访确贫老孤独即节孝奇卓者，每季给助。其余量入为出，如春季给，夏季暂停，庶几新访者补入，通融不匮。应赈人户，逐名下注定银数，榜许某日面发，本日不必候领。其本季暂停者，先期书姓名粘贴四门，免其希求伺候之苦。余外不合助给及贫人未入访册，而临期纷纷自行陈乞者，一概不准。

给棺之法，务于先期将本会现银三分之一付木行置造，较之零买工料颇良，一便也；分置四门庵寺，死者猝求，出一小票，立足应急，二便也；棺上书同善会某年某季，再以干支编号，领者难于假冒，发者无因勒索，三便也。若存银给价，袖中来往，诸弊丛生，所宜深念。

收散会赀完日，主会即将助银姓号并给过人户数目，用公费刻会籍，传送会友。①

余治在后来的《得一录》中全文收录了高攀龙的《同善会规例》，可见高攀龙的劝善、行善理念对他有多大的影响。

在晚明慈善实践中，还有一位慈善家同样重要，他就是和高攀龙同时代的人物陈龙正。

陈龙正，明末嘉兴府嘉善县（今浙江嘉善县）人。他与明末大慈善家袁了凡是同乡，深受袁了凡赏识，认为其"孝思最深，所至不可量"。此后，陈龙正拜无锡的高攀龙为师，"得复约身心之学"。崇祯十三年、十四年两年的大水灾对嘉善、湖州等地进行了无情的洗劫，崇祯十四年的大旱席卷了整个江南地区，江南地方"泽以龟坼，水菱暵槁"，百姓流离失所，衣食困顿，整个社会处于十分脆弱的境地，一些地方甚至出现暴乱。此时在嘉善的陈龙正积极参与赈灾，开展散粮等施赈工作，设立"义田"，周济亲友，还"远支困乏者"，做到"遇事量给，以昭勿绝"②。这种做法，对于其他大族乃至全县起到了倡导作用。

他效仿高攀龙，创设"嘉善同善会"。这种以济贫为主要目的的善会组织，是由当时的地方士绅所创建，而不再是由政府主办。陈龙正创设的嘉善同善会，作用是多方面的，劝善是主要方面。在明王朝倾亡之际，他在地方上定期主持同善会，发表了51次"讲语"。如在一次同善会"讲语"中指出："凡救危扶困，人人有这点心肠，这点不忍人之心，不要看的他小，一应循天理，做无穷无尽的好处。"陈龙正在嘉善同善会的多次讲演，用通俗易懂的语言，向百姓讲述行善做人的道理。

如何做到行善，同善会所具有的乡约教化功能不能低估，陈龙正指

---

① ［清］余治：《得一录》卷一，得见斋十六卷本，黄山书社影印本，1997年。
② ［明］陈龙正：《几亭外书》卷二《家规》，上海古籍出版社，1996年。

出:"官府讲乡约,有劝有戒……这会只当是讲乡约的帮手。"在救荒过程中,同善会也有特殊的作用。陈龙正认为,苏州府等地在施行煮粥救荒时,因没有充分考虑到其中的弊病,所以出现了哄斗杀人的情况;而嘉善县之所以可以施行"粥担法",在于同善会等慈善组织常年进行赈济贫民的活动,饥荒年能够核实贫户推行"散粮之举",所以即使在极荒年月,仍可特设"粥担法"救赈流移贫民。

明末袁了凡、高攀龙、陈龙正的慈善活动,对江南地区后来的慈善事业产生了重要影响。清代江南地区的慈善活动,依然循着他们开创的道路不断前行。

清代前期,江南地区最著名的慈善家是苏州彭绍升。这一时期,江南地区受到历史上行善、劝善思想的影响,加上频繁的社会问题,使得一些士绅自觉地承担起重建伦理道德、稳定社会秩序的责任,他们致力于创建善会善堂,民间慈善事业出现了兴盛的局面。

彭绍升的慈善活动,虽说与其家学渊源有关,但和晚明时期上述慈善家的影响也分不开,袁了凡、高攀龙等慈善家的慈善思想和慈善活动,对他产生的影响不可低估。他对江南地区慈善事业的主要贡献就是在乾隆年间创建近取堂。近取堂主要由施棺会、恤嫠会、惜字会、放生会四种善会组合而成,核心理念是民生,主要内容是各种救助活动。

苏州彭家以科第世家著称,所以彭绍升从小就在家庭中耳濡目染祖辈的善举,并立誓继承家族传统,将之发扬光大。他自己曾言:"知归子(彭绍升号)尝一试于乡矣,开近取堂,釀金万两,权出入息以周士族孤寡之无依者,又以其余创佛宫,饭僧众,施冬衣,放生族,积二十余年而不懈。又尝一试于家矣,置润族田,尽捐己田以益之,合五百余亩,豫为终制,俾无立后。"[①]他创立了润族田,开办近取堂,组织放生会、惜字会、施棺会、恤嫠会。

---

① [清]彭绍升:《一行居集》卷首《知归子传》,清道光五年刻本。

润族田，类似于宋代范仲淹的义庄，有田人家带头捐田，主要是救助彭氏家族贫穷者。

近取堂，彭绍升于乾隆四十二年（1777）设立，初衷是救助乡里的寡妇，诚如他所说："予开近取堂，属里中孤寡之贫乏者。"主要是救济乡人，后来因彭绍升皈依佛门，又兼行施舍僧人衣食、刻印佛经、施衣施药等善事。

惜字会，江南民间儒生自愿结合，倡导尊孔尚儒、爱惜字纸的会社组织。除每日雇人沿街收取外，每月还定期收买各种废纸、旧书，然后汇总火焚，纸灰投入钱塘江。

放生会，本是佛家放生动物的一种集会活动，后影响扩大到社会，成为倡导人们保护动物的组织。

施棺会，活动多是为贫者施舍棺木，让死者能入土为安，免得因家贫暴尸荒野。

恤嫠会，主要救助读书人的遗孀和子女。

彭绍升的慈善思想和慈善活动，对整个江南地区乃至全国起到了示范作用。

在这一时期，苏州潘氏成为江南地区慈善事业的领袖。苏州潘氏就是被人们称为"天下第一个大善人"和"吴门第一善人"的潘曾沂。在清代中期，潘氏是继彭绍升家族之后典型的积善之家，潘曾沂的慈善之路同样受到彭绍升影响。

潘曾沂出身苏州望族。苏州潘氏，向有"贵潘""富潘"之别。"贵潘"走的是诗书传家、科举博取功名的路子，"富潘"则走的是经商致富的路子。在清代慈善史上，"贵潘"的影响力远超"富潘"，代表人物就是潘曾沂。

潘曾沂在仕途上虽说没有多大成就，但在慈善上却建树颇多，令人敬仰。在结束自己短暂的仕宦生涯后，他隐居乡村，致力于济世利民的慈善事业。道光七年（1827），他捐出2500亩田地，设立丰豫义庄，救助所有的贫民。另外，他还行救灾民、减田租、收弃婴、设义塾、散医药等善举。

到了晚清，江南地区慈善群体更加庞大，出现了冯桂芬、余治等慈善大家。江南地区慈善活动从明代到清代，持续不断，代有人出，显然不是一时的心血来潮，而是有着悠久的慈善传统。所以在晚清的慈善舞台上，当余治作为一介平民登上慈善舞台并成为一个职业慈善家，江南地区慈善传统的哺育、滋养功不可没。

余治和前代江南地区慈善家有很大不同，明清以来江南地区的慈善家，要么出身官宦，要么出身富家，他们秉承儒家伦理，济世行善。但余治不同，他没有显赫的家世、耀眼的功名，甚至家贫不得不以教书为生，他更缺乏丰富的社会资源，但通过自己的不断努力、不懈追求，在慈善事业上做出了超越前人的成就，以慈善为终生职业，义无反顾地演绎了一曲慈善之歌。

我们之所以花费这么多笔墨追述江南的慈善传统，在于说明余治的慈善之路秉承了数百年来的慈善传统。通过比较，我们能够对无锡余大善人的一生慈善壮举有更深入的认知。

二、读书养家涉善事

江南地区从明清以来形成的慈善传统，被一代代慈善家们所传承、所发扬，他们的善举赢得了人们的尊重，"大善人"这样的名号就如同御赐的牌匾一样，吸引着越来越多的人投入慈善事业中。那些世家大族、富商巨贾怀着怜悯之心，散家财济穷人，而那些家境一般的人也不是没有济世济人的愿望，他们也有一颗善良之心。每当看到那些家贫无以为生者，那些因灾害流离失所、四处乞讨者，那些残疾重疾无钱医治者，那些鳏寡孤独无人养老者……当面对这些生活在死亡线上的百姓,他们以自己特有的方式,以自己力所能及的力量救济这些人。他们是慈善路上的跋涉者,其艰难的脚印、疲惫的身躯、善良的心感动了很多人。

明清时期江南地区流行的慈善文化核心是儒释道相互结合、融合的产物,既有儒家的民本思想、仁义学说,又有佛家的慈悲为怀、因果报应,还有道家宣扬的劝善、行善。在余治生活的吴中地区,"富厚之家多乐于为善,冬则施衣被,夏则施帐扇,死而不能殓者施棺,病而不能医者施药,荒则施粥米。近时又开乐善好施坊例,社仓、义仓给奖议叙,进身有阶,人心亦踊跃矣"[①]。这种乐善好施的传统,深深影响着余治,他效仿袁了凡、彭绍升等慈善家,"奔走劝募,如拯溺救焚,不遗余力,所救济者亦不啻亿万计,故余善人之名遍于吴越间"[②]。

余治生活在江南这块素有慈善传统的土地上,先辈们的慈善举动无时无刻不在感染着他、呼唤着他。尽管家境不好,甚至连双亲也难以养活,但他那颗善良的心,那颗济人所难的心丝毫没有因为家境贫寒而放弃。他在半耕半读的生活中,开始了后半生的行善、劝善之路。

1. 双惜规条见善心

双惜,就是指惜字会、惜谷会。

惜字,就是珍惜文字。人们认为文字是圣人所创,对刻有文字的纸张,不能随便丢弃,不能随意污损,否则就是对圣人大不敬。清人潘荣陛在《帝京岁时纪胜·惜字会》中说"香会,春秋仲月极胜,惟惜字会为最"。

出于对圣人的敬重,明清时期江南地区民间自发组织起会社组织惜字会。惜字会,在江南各地称呼不一,又叫文昌会,也称惜字社、敬字社、惜字局、字纸会等。古时,民众对读书人相当尊重,故而有"万般皆下品,唯有读书高"的古训。由于对读书人的敬重,而联系到对文字

---

① 民国《吴县志》卷五十二《风俗》,民国22年本。

② [清]余治:《尊小学斋集》跋,清光绪九年刊本。

的敬畏和珍惜，因此，民间就有了惜字会组织。

惜字会最早是文人用募捐得来的善款，雇人定时将人们丢弃的字纸捡起来，然后积累到一定数量，集中烧掉，将纸灰装入罐中，带到河边或者海边，放入水中。惜字会这种组织的存在，其实与明清以来文人敬惜字纸的信仰有关。

明清时期，读书人普遍崇信文昌帝君，希望文昌帝君能保佑自己或者家人在科场高中，所以这种组织开始在文人中流行。后来渐渐影响到老百姓，尽管江浙一带各地风俗不太一样，但基本做法没有太大的差异。任何一位平民百姓，行走在街道上，只要见到写有文字的纸张，便会自觉地捡起来，把它送到惜字会，惜字会再把众人送来的纸筛选、归类，然后把这些纸分为"藏纸"和"焚纸"。藏纸，即认为这些字纸还"有用"，就把它收藏起来；焚纸，即认为这些字纸没有任何利用价值，须把它烧掉。

明清时期，惜字会首先发端于江浙一带，尤其是杭州。清代，吴山上有金龙阁、火德庙两处惜字会，除每日雇人沿街捡字纸外，每月还定期收买各种废纸、旧书，然后汇总火焚，纸灰投入钱塘江。

明清时期的惜字会并不只有敬惜字纸的习俗和活动，其往往和慈善活动结合在一起，比如对受到捐助的捡字纸的人有一定的要求，如孤鳏贫困者、老年人、乞讨流浪的幼童以及虔诚的惜字者。通过这种形式，既救济了那些贫寒受苦之人，同时也在社会上形成一股风气——珍惜文字、敬畏圣人——从而对读书心怀敬重，培养人们爱惜书籍的好习惯。

惜字会起源于杭州，很快就在江南地区流行开来，各地纷纷成立惜字会，形成一种民间习俗，一直延续到民国时期。余治年少时，无锡一带已经形成这种风气。据史书记载，余治十四五岁的时候，就深受这种风气的影响，当时他在家乡的私塾里当先生，教育乡里儿童，为了培养孩子们从小就具有敬畏书籍的好习惯，他自觉担当起惜字风气的引领者。

每天外出上课，他一定要随身携带一个小布兜，见到路上有遗弃的字纸，就捡起来放在布兜里，"后率以为常"。不过在当时，余治的家乡还没有惜字会这种民间组织。

道光十四年（1834），已二十六岁的余治，在拜师学习的同时，深为家乡没有惜字会这样的组织感到不安。为了推广惜字风气，他与同好顾伟屏、族兄余文耀等在家乡成立了惜字会，倡导人们爱惜字纸。后来又在家乡成立惜谷会，推广爱惜粮食，节食济贫。

惜谷颇有来历。据史书记载，此典故出自西晋陶侃。陶侃有一次外出郊游，看见有一个人拿了一把未成熟的稻谷，就问："你拿这些干什么？"那人回答："我在路上走，看见了便随手拔一些玩玩。"陶侃大怒，责骂道："你又不种庄稼，竟然为了好玩而损坏农民的庄稼。"于是就把那人抓了起来，鞭打一顿。从此这个惜谷故事就在民间流传开来，到了明清时期，许多地方成立惜谷会，劝导人们爱惜粮食。

明清时期江南地区的惜谷会，其实是一种慈善组织。为了救济穷人，惜谷会给每家送竹筐一个，让每家把散落在灶头或地上的稻谷捡起来放在筐里，年终的时候汇总起来，把这些稻谷碾成米，分送给穷人。收上来的稻米交给保婴局管理，每收一斤稻谷酬金六文，每个月收集一次，竹筐坏了，惜谷会免费更新。余治也自觉加入惜谷会行列，同时在家乡成立惜谷会，帮助穷人。

为此他还制定《双惜规条》，收录在他编辑的《得一录》中。

《惜字会条程》开宗明义：

> 人生斯世，父生之，师教之。师者所以成我，而舍字则无以为教，故不敬字者其罪同于背师。人莫不有师，即无人不当敬字。饮水思源，礼隆报本，乌可轻亵耶？

在《惜字拯急会广劝法》中，他提出了惜字规章：

> 惜字曷为曰拯急也。盖言乎其势之不可稍缓也。夫人当安

常处顺，太平无事，何等闲适。一遇有急，或溺于水，或焚于火，此□待救之情若何迫切。人非甚不仁，未有不狂奔尽气急往救援者也。字纸而藏字篓，犹人之安常处顺也，一遇遗弃道途，混入垃圾，甚至杂入粪秽，犹人之溺于水、焚于火也。种种践踏，目不忍见。士大夫性多好洁，每不肯从此等处加意援拾，而工人挑担者，又以其龌龊且不成斤两，亦不暇拾。以故零星字纸一入秽途，大都为乡民扒取垃圾者，杂入秽中，并为粪壅。兴言及此，可胜痛念，欲遍拾则势恐难周，责工人则事有难托辗转思维。窃得一简要劝行之法，惟有心者采择焉。①

为了劝人珍惜字纸，余治还以自己的亲身经历加以说明。

他曾说：我每次外出，看到有乡民在扒垃圾，就一定要仔细检查他们的垃圾背篓，在这些垃圾中掺杂了不少的字纸。乡民有的知道有的不知道，我就加以劝说，让他们把字纸拣出来，有些人还是很感动的。有一天我曾到他们堆放垃圾的地方，见有十几堆垃圾，就在垃圾中拣字纸，拣到十几张字纸，大多污秽不堪。就从这些捡垃圾的人当中，挑选几个年龄小的，让他们在垃圾中反复拣，并许诺谁拣到字纸，就给以一定的报酬。这些孩子一听说有报酬，就卖力在垃圾堆中寻找，连扒了数堆，拣的字纸百余张，深为吃惊。趁此机会，我就把他们集合在一起，加以引导，劝他们爱惜字纸，并以自己的亲身经历相劝说，我也是出身农家，小的时候和你们差不多，不过我勤于爱惜字纸才有了今天的光景。大家都被感动，点头许诺以后多加爱惜字纸。我也不能食言，为了奖励他们，就给他们每人一个面点作为奖赏。这次捡垃圾的人不过七十余人，花费也不过一千余文钱，劝化的就有数十人。如果这种办法加以推广，各地加以效法，老百姓就会一传十，十传百，百传千，父亲教育儿子，哥哥教育弟弟，劝化的威力可想而知。

---

① ［清］余治：《得一录》卷十二。

在《惜谷会条程》中,余治开门见山说:

> 世人但知举惜字会,而不知举惜谷会。盖思字与谷并重,而弃谷更多于弃字。人之生,父母生之而非谷,则父母亦无以为生。故弃五谷者罪同逆亲。雷霆之震,所由来也。

在余治制定的《惜谷会议约》中,他提出了具体的内容:

> 立惜谷议约。吾里(某乡某村)众姓人等,窃思五谷为养命之源,实关四民生计,理宜敬惜。无如近世人情往往忽略,不免任意狼藉以致天灾屡降,荒歉频仍。为此我等公议,约同合村各户,谨集惜谷善会,合计若干户,转相传劝。约各家大小男女,务必各加敬惜。议定一年两举,就社庙焚香具疏告神,即以行春祈秋报之礼。举会之日,另请一老成明理之士,登台宣讲劝善各条,兼行乡约之典。会中人务须坐定静听,以期同归于善。并将所惜之谷,充公作善。如有一毫私弊,火焚雷殛。日后每年永为定例,不得始勤终怠,爰立公同议约,永远存照。
>
> 一议 公同捐资买备惜谷篓几百只,按户分送。举会之日,各带此篓入会,记数登簿。公议作何项好事,随时求签为定。(积谷备荒最好)
>
> 一议 凡遇打稻之后,务必率同合家大小、男女做柴掠稻。将稻麦□上,遗剩谷粒,用竹片细细掠下,不使一粒留存。如有不依,合村议罚。
>
> 一议 每逢收麦收稻之先,须各备粗布担兜。捆担时先用铺地,兜住稻麦穗头,缚好挑起,自免狼藉。有不备者议罚。
>
> 一议 合村各户,每年必淘坑二次。淘起坑底或钱或谷,焚香告神;如有不淘,察出议罚。惟入坑必吃烧酒,以蒜塞鼻,以免坑毒。
>
> 一议 合村妇女,倘再用有字书本账簿夹鞋样花线者,察

出议罚钱百文。凡遇宰牛打狗粘鸟捕蛙之人，不许入境。

右议之后，同人务必一心遵守，不可忽略，以期消灾集福。

年　月　日立惜谷议约某乡某人

余治组建惜字会，推广惜谷法，秉承了江南地区慈善传统，并将各地流行的条约、做法加以辑录，这为人们开展行善、劝善活动提供了便利。

从此，余治迈上了慈善之路。

2.孝亲慈悲倡赈济

从15岁开始，为了养家糊口，余治在家乡私塾谋得教职，一边教书，一边养家，还要一边拜师，继续自己的科举之路。

天有不测风云，就在余治辛辛苦苦教书、养家之际，家庭变故一个接着一个，沉重的家庭负担压得他喘不过气来。

道光十一年（1831），婶母胡老夫人病重，余治边上课边照顾婶母。白天到私塾上课，下课后马上赶到家，端茶倒水，照顾有加。为了给婶母治病，他甚至借贷抓药，并亲自熬药，端到床前喂婶母。胡老夫人不是余治的生母，但胡老夫人作为余治的婶母，对余治的关心和照顾如同亲生儿子一般，这使得从小就失去母爱的余治受到了婶母一家无微不至的关爱，他也把婶母当作自己的生母一样看待。

余治非常孝顺，伺候婶母期间，他一连半个月都没有好好休息。婶母病逝后，他更是悲痛欲绝，极尽孝道。当时余治的生父余来贡年事已高，哥哥余齐不善于持家，家境非常贫寒，两家人的生活重担全部落在余治一人身上。

就这样，余治一边养家，一边继续自己的学业，在无锡一带拜访名师，在科举路上踽踽前行。

道光十八年（1838），余治跟随元和县张咏仙学习。这年秋，生父余来贡病重，他不得不中断学业回到浮舟伺候父亲。不久父亲病故，余治终日泪流满面，为自己没有能力给父母及家人带来富裕的生活而内疚。

为此他写下《蓼莪余恨述》，讲述自己不能尽孝道，不能给父母带来幸福美满生活的遗憾。后来又作《匪莪感诗》，表达自己失去亲人的痛苦。

为了感念父母的养育之恩，余治在悲痛之余，将生父余来贡、二叔余来朝的生平事迹——如何耕读持家，如何尽孝道，如何养儿育女，如何睦族善邻——讲给当时的著名学者李兆洛，并请李兆洛为两位作传。

李兆洛（1769—1841），清代著名学者、文学家，字申耆，晚号养一老人，阳湖（今属江苏省常州市）人。嘉庆十年（1805）进士，选庶吉士，充武英殿协修，后改任凤台知县。在任凤台知县的七年间，他兴办教育，建凤台循理书院，创设义学。后来以父忧去职，遂不复出。晚年主讲江阴暨阳书院达20年。余治从道光十七年（1837）就开始进入暨阳书院学习，当时李兆洛正在该书院主讲，由此余治和李兆洛深交。

面对余治的请求，李兆洛甚为感动，就将余治生父余来贡、养父余来朝的事迹加以整理、汇编，写成余来贡、余来朝合传。在二公合传中，李兆洛对余氏二公给予了很高评价，但最主要的还是褒奖余治。在二公合传中，李兆洛说：余氏二公行为敦厚，品德高尚，虽然没有获得功名，也没有扬名天下，但对儿子余治督促甚严，辛辛苦苦督促儿子读书上进。儿子余治没有辜负二老的期望，志存高远，发奋读书，心存善信，其言行举止为乡人所推崇，"其益励所学，上慰先人，显亲扬名"[1]。对于李兆洛的评价，余治心存感激，恩师的教诲，作为座右铭一直伴随终生。李兆洛对余治的期望，还是希望他能像大多数的读书人一样，勤奋读书，学有所成，上慰先人，显亲扬名。

余治也希望自己能在科举路上高歌猛进，博取功名，使余家在当地扬名。

世事难料，人生就是这样，越是希望在某一方面有所成就，有时候失望也越大。博取功名，谈何容易！要受到多方面条件的制约，在那个

---

[1] ［清］吴师澄：《余孝惠先生年谱》。

时代，家庭环境是主要方面。浮舟余家在当地不是世家大族，也没有政治、经济上的后盾支持，完全是靠自己的天赋和努力，他还要养家糊口，种种因素决定余治在科举路上不会一帆风顺。事实也是如此，在此期间，余治参加了几次童子试，均名落孙山。

科举不顺也就罢了，而在那几年，江南地区出现了连续的自然灾害。社会环境的变化，也改变了余治的人生轨迹，他那颗慈悲为怀的善心被无情的灾害触动，由此开启了他做慈善的人生历程。

3.倡设粥店济灾民

道光二十年（1840）夏，一场大水灾席卷江南地区。余治家乡无锡芙蓉圩、杨家圩等地灾情更为严重，田地被淹，房屋被毁，家畜死亡殆尽，百姓流离失所，纷纷拖家带口拥入城镇和没有被淹的乡村，灾民的惨景让人心碎。

为什么会发生如此严重的大水灾？诚如我们在前面所提到的，晚清时期从气候学上讲正是冷暖交替期，气候的变化导致发生大水灾、大旱灾的频率更高，清代成为中国历史上灾害发生最为频繁的时期之一。这是大自然的变化，是环境发生改变，谁也左右不了。

但是如果官府能早有预备，社会救助机制完备的话，也能减轻灾害的影响程度，老百姓也会少受到灾害的侵害。但是清中晚期以后，封建社会从康乾盛世转入衰世，政治黑暗，吏治腐败，民不聊生，更要命的是各级官府对水利设施不重视，很多地方多年不修缮，生态环境遭到严重破坏。

据史料记载，从1823年开始，江南地区连续发生大水灾，尤其是苏南、苏北灾情严重。如：

1823年，江南大水，沿江一带，"平地深数尺，滨江居民田庐悉被淹没，溺死者无算，棺柩乘流而下"[①]。苏北"江水大涨，滨江禾苗尽损……

---

① ［清］甘熙：《白下琐言》，南京出版社，2007年。

君不见，大江边，惨呼天，弃儿为蛇食，卖儿不值钱，挈老携幼饿且死，十里五里无人烟"①。

1831年，江南大水，"民田庐舍尚在巨浸之中，浅者淹及半扉，深者仅露椽脊"②。此后几年，江苏一地不是大水就是大旱。

到了1840年，鸦片战争爆发，英军从广州、福建沿海岸一路北上，江苏沿海也被战火殃及，而在此年的七八月，江南地区又遭大水灾，全省64厅、州、县受灾。这场大水无锡也难以避免，成千上万的灾民拥入县城，灾民衣衫褴褛，沿街乞讨，甚至有卖儿卖女的。此情此景，深深触动了余治的怜悯之心。作为乡村善人，他立即向当地官员报告灾情，上书地方官员，请求立即赈济抚恤。

在中国古代，面对自然灾害，历朝历代统治者从上到下都投入赈济之中，有较为完整的赈灾机制。清代依然。

清代赈济灾民主要是发放米谷，如果米谷不足，可给银米，或者以米折银。赈济的形式主要有正赈、大赈、展赈、摘赈以及煮赈和工赈。

正赈是凡遇水旱之灾，对所有灾民行赈一个月。大赈为成灾十分严重者，极贫在正赈外加赈四个月，次贫加赈三个月，如果地方连年因灾歉收，或灾出异常，须将极贫加赈五六个月至七八个月，次贫加赈三四个月至五六个月。展赈为大赈完毕后，灾民生计仍然艰难，或次年青黄不接之际灾民力不能支，可临时奏请再加赈济一至三个月。摘赈为对应赈者在非常情况下灵活选择的一种应急赈济措施。

赈济还有另一种形式，就是煮赈，也称粥赈，即施粥于灾民。在清代赈济体系中，煮赈以设厂为主，并规定灾民领粥要发给签，男女灾民设栅栏分隔，主要是考虑施粥秩序。试想，灾民本就饥肠辘辘，一见有

---

① [清]厉同勋：《前后六水行》。
② [清]林则徐：《接任江宁藩司日期并陈沿途灾情片》，《林则徐全集》第1册，海峡文艺出版社，2002年。

吃的，早就一哄而上，抢夺食物。清代设栅栏施粥，也是汲取了历史上的教训，这有利于施粥时的秩序，消除了饥民争夺食物、闹出人命的积弊。清代施粥的对象主要是流徙灾民，当然也包括本地灾民。据史书载苏州城自雍正十一年开始，每至岁末，即煮赈一月。这也从一个方面说明，清代中期以来江南多水灾的历史场景。我们不可否认，清代在广泛赈济的基础上再加上煮赈，为更多的灾民提供了就食条件，也救活了数以万计的灾民。

然而再好的机制在执行过程中也会出现偏差，比如对灾情的评估是否快速，地方官员是否尽心救灾，面对突发事件，采取的措施是否得力等，这些因素都影响到救赈能否立马见成效。尤其是水灾，汹涌的大水一夜之间都能把百姓家里的东西卷走，灾民最缺的是食品，一碗稀饭，一口热汤，就可以挽救人的生命。但是面对突发事件，地方官员不敢擅自做主，他们要评估灾情，要层层汇报，一来一往，等到上级批文下来，灾民早就横尸遍野了。即便有些地方官敢于马上救灾，也还是依照一定的程序，全然没有应变能力，这样救灾机制的弊端暴露无遗。

面对官府救灾的弊端，余治提出了批评。在他看来，官府设厂施粥，一定要等到远近饥民到齐了才发放，不等到中午，一定吃不上，那些许多天没吃饭的人多半是等不及的。况且施粥是按人口发放的，一家数口的，必定携老扶幼一起来。刚开始的时候，饥民争先恐后，到了粥厂挤得头破血流，而那些身有残疾的灾民根本挤不进去，也就得不到粥，这是施粥的最大弊端。

面对官府施粥的诸多弊端，余治决定不能完全依靠官府救济，要发动民间的力量参与救援，他决定亲自上阵，参与救赈。道光二十一年（1841），余治决定施粥，但自己家里贫困，没有力量救赈，这该如何是好？面对成千上万的饥民，他开始联络当地有识之士，一起赈济。他联络本县北七方镇的士绅华廷黻，开粥店赈济灾民。如何才能把有限的财力发挥到极致,挽救更多人的性命?余治开始总结经验。

在施粥的过程中,余治发现,一些灾民,尤其是当地的灾民,为了面子宁愿挨饿,也不愿意加入领粥大军,以吃施粥为奇耻大辱。针对这种情况,余治和华廷黻商量,在乡镇设立粥店,减价卖给灾民。又担心有些灾民不能前往粥店,就派人担着煮好的粥,到饥民集中的地方,施粥救济。这种方法很得体,救活了不少灾民。

个人的力量毕竟是有限的,为了让更多的人加入慈善队伍,余治提出了不同于官府救济的方法,就是成立粥店。为此他专门写了《劝开粥店说》《粥店十便说》等文章,宣传开粥店救赈的好处,希望更多的人加入开粥店赈济灾民的行列。

如在《粥店十便说》中,余治列举了开粥店的十大好处。如:

(1)节省厂费

设厂施粥是官府的办法,设厂要求很大的厂房,还要有很多人帮忙,这样所需费用不少。开粥店不需要很大的场地,只要几间房就可以,除了锅碗瓢盆,一切都可以俭省。

(2)连续不断

民间救赈,多是募捐,一旦募捐不济,施粥就可能中断。开粥店就不同了,可以减价卖粥,也可以施舍,卖出的钱还可以继续购买粮食,继续将粥店开下去,这样可以救济更多的人。

(3)免去灾民奔命求食

官府设立的粥厂,对施粥有固定的地点、时间等规定,灾民如想得到吃的,必须从很远的地方赶到粥厂,去的晚了,粥发完了。每天来回数里只为两碗粥,身强力壮者还能勉强做到,那些老弱病残者就难以办到,有的人寄寓在荒庙破屋里,到头来必然沦落为乞丐;有的人风餐露宿以致染上疾病,甚至横尸路旁,实在可怜。粥店就不一样了,灾民随到随买,随到随发,不必等候,还免除劳顿之路,甚是方便。

（4）可以避免荒废营生

官府的粥厂是按人数发送，一家十口，必须扶老携幼，全部来领食。天天如此，不仅受苦受累，最重要的还是荒废了家里的营生，男人不能下地种田，女人不能纺织自救，本来开粥厂是救济灾民，怎能让灾民还要受苦受累？开粥店就不一样了，一家派一个人来就可以，如果自己不能来，左邻右舍也可以帮助买一些。这样家里受灾的人不用全家受累，可以腾出人手进行自救，买粥、干活两不误，岂不是更方便？

（5）顾全面子

在官府粥厂里，灾民要想得到救济，必须亲自来领取。对于有些灾民来说，为了面子不肯吃嗟来之食，宁愿挨饿也不愿让人可怜，这在那些读书人身上表现得最突出。对于一些女人来说，受传统礼教的影响，本来就不愿抛头露面，现在为了一口饭混入灾民中，觉得是奇耻大辱，宁愿在家挨饿，也不愿前来领取食物。开粥店就不一样了，不是施舍，而是来买，这样就免除了一些人怕丢面子的顾虑；而对于一些女人来说，不必亲自来，照样可以领到食物，既保全了面子，又得以自活，实在方便至极。

（6）减少拥挤

官府设厂赈粥，灾民必须到固定的场所，只有时间到了才能领取食物，成千上万人一起拥到施粥处，那是一种什么样的场景？老弱病残者根本挤不到前面，因此也很难领到食物，甚至很多人被挤倒，遭践踏死亡者也不在少数。而粥店就不同了，粥店从早到晚，随来随买，随来随领，领到食物就走，可多可少，听任自便，也就免除了拥挤之累。

（7）筹办容易

官府施粥弊端较多，地点是固定的，时间是固定的，如果灾民一起拥入，势必难以招架。再说经费也是问题，只有经费充足才能做到，如果经费过大，即便有善心的人也会被巨额的费用吓倒。而粥店有条件就开，没有条件可以暂缓，规模可大可小，经费可多可少，时间可长可短，容易办理。再说官府施粥，粥煮的多了，时间一长容易变坏，粥店则随煮随卖，不用担心粥变质放坏。

（8）避免疾病传染

大涝之年，最怕的就是瘟疫流行。官府施粥，因为有各种规定，所以灾民最为集中，加之环境恶劣，人员混杂，就为疾病的流行创造了条件，所以在历史上大灾之后必有大疫，与灾民过度集中有一定的关系。在灾民集中的地方，一旦瘟疫流行，后果不堪设想。灾民没有被水灾要了命，却被瘟疫夺去了性命，这种事例太多了。而开粥店就不同了，首先粥店的环境比较好，卫生条件也比较好，这样就可以避免疾病流行；再者灾民到粥店，买了粥就走，或者吃了就走，没有成千上万人集中在一起，瘟疫、疾病也就兴不起来。

（9）节省人手

官府开粥厂，必须有官府委派的主管人员，还要雇用大量的人手，仅这些人手的费用就是一笔不小的开支。人一多弊端就多，偷懒的、克扣粮食的等就会乘虚而入。而开粥店，粥店主管不过一两个人，经营的不过一两个人，三四个人就可以开一个粥店，从早到晚，来一个卖一个，也不是太忙。雇用的人手少，也就不会产生那么多弊端。

（10）得到暗中支持

开粥店主要是赈济灾民，名义上粥店不是免费的，但也只是象征性地收取点费用。而对于一贫如洗的灾民，粥店也会暗中准备一些送过去。这样的做法，可以感动很多人，有不少有善心的人也会效仿粥店的做法，买一些粥，暗中送给灾民。或者送给灾民一些钱，让他们到粥店买粥，这样就可以免除苦乐不均的弊端。开粥店主要是自筹经费，如果经费不足，可以隔天开店，不一定天天开门。如果遇到刮风下雨、天寒地冻的日子，粥店也可以煮一些米汤之类送给灾民，这样也可以避免灾民因为天气原因全家挨饿。

余治总结出来的开粥店的十大好处，着实为有心慈善的人指明了方向，行善不光是官府的事，寻常人家也可以做到。有条件可以做大事，无条件可以做小事，行善人人可以为。只要全社会上下一心，就会给处于生死边缘的灾民一线生机，帮助灾民度过最困难的日子。

事实上正是如此，在道光二十一年那场水灾中，无锡一带受灾最重。余治针对官府施粥的弊端，劝当地有钱人、有善心的人开办粥店，济民度灾。

在《劝开粥店说》中，余治力劝人们开粥店。在他看来，开粥店是关系到饥民性命的大事，只要大家的集资到位，就马上开办，不要等到经费充足才开办，那样的话一天推一天，表面上是为了救济灾民，实际上对灾民没有一点儿用处，等待经费充足再开办，恐怕饥民早就抛尸荒野，填满沟壑了。所以如果想开粥店，就应该在受灾最严重的乡镇先行开办。我们开了，就能起到示范作用，其他乡镇见这一办法可行，也会纷纷效仿。那些乐善好施的人也会不断捐钱捐粮。

余治劝人开粥店，先从自己的家乡青城乡开始，后来愈推愈广，遍及周边乡镇。在道光二十一年那场大水灾中，仅在余治的家乡，所开粥店就使三千多人得以活命。余治的善举得到乡邻的交口称赞，人人对其竖起大拇指，称其为大善人。

开粥店赈灾，影响深远。道光二十九年（1849），无锡又发大水，无锡全部采用余治的开粥店之法，加上余治等人不断劝人捐资，粥店遍及城市乡村，救济灾民达数十万人。常州府看到开粥店效果远比官府的粥厂效果好，遂下令在整个常州府推广余治的做法，对此史书中有记载：道光二十九年，常州所辖各县发大水，州府将余治所写的粥店章程发放给各县，下令依照章程救灾。一时间常州府各地设立粥店有几百处，救活灾民数十万人。

开粥店赈济,余治首倡。但必须得有人响应,有人愿意出钱才行。为了实现这一目标,余治不辞辛苦,联络本地乡绅积极行动。他不仅草拟开粥店章程,写文章介绍开粥店济灾的十大好处,而且还联络乡绅,居中协调,幕后策划,最主要的是有一大批人赞同余治的想法,捐钱捐粮,参与救赈。

乡绅顾璞,与余治同乡,积极响应余治的号召,"助赈助饷,璞皆有力焉"。

无锡北七方镇华廷黻,"与余治议设粥店,减价卖,又担粥救之,全活无数,后与旱潦皆如之"。

余治门徒倪景尧,追随恩师,"尽鬻其田数十亩,以煮粥赈饥"。

余治在无锡创设集仁局,作为募捐场所,无锡黄瀛伯"捐屋为之"①。

此外,像苏州的潘曾沂、谢元庆,无锡县的杜绍祁、顾鸿逵等著名乡绅,还有水渠里的秦氏、石塘湾的孙氏、礼社的薛氏、蒟庄的杨氏,都和余治成为志同道合的忘年交。只要哪里遇到饥荒,他们都会咨询余治,看如何赈济。

正是有一大批的慈善家响应余治的号召,被余治的善举所感动,才使得以余治为中心的江南慈善群体得以不断壮大,慈善事业得以蓬勃发展。

---

① [清]吴师澄:《余孝惠先生年谱》。

余治甫一涉足慈善，就发现社会需要救助的还有很多，赈灾只是突发事件。不只是赈灾，整个社会都需要救助，社会风气需要扭转，人心良知需要挽救，从此他开始把慈善转向挽风俗救人心、匡正社会不良风气和重塑儒家道德伦理上来。

一、新编蒙书赠学子

道光二十二年（1842），余治被江阴县令欧亭姚所聘请，担任该县一所学校教师。经过道光二十一年的江南大水，余治开始被很多人认识、熟悉，人们为他的品行和操守所折服，也为他的劝善、行善举动所感染，因此以余治为中心的江南慈善团体渐渐形成，他们在各自领域发挥着作用。

余治因学问受到人们的敬重，因慈善被更多的人认识。很多人都知道，无锡有一个大善人，学问、人品俱佳，还有一颗仁慈之心。慈善让他得到人们的敬重，也使他名气远扬，一时间与他怀有共同理想的人，都成为他的挚友。

在这个过程中，余治也开始被一些地方官员赏识，或许是出于个人的敬佩，或许是友人的帮助，余治在这一年离开家乡，到江阴县任职，开始教书生涯。

在家乡，余治15岁就开始在私塾教书，用儒家的仁义道德教育孩子，自觉抵制不良社会风气。过去教书，余治使用的教材是传统的蒙童读本，像《三字经》《百家姓》《千字文》等，这些蒙童书籍除了帮助孩子识字，还兼具了解一些历史知识、道德品质、为人处世等内容，核心还是儒家的伦理道德。

但是自从走上慈善之路后，余治对劝善、行善情有独钟。在他看来，儒家传统读物固然很重要，是人生必读之书，但善书的作用也不可低估，善书可以和儒家经典相辅相成，因此他早就有雄心计划，在适当的时候著述一些善书，推广自己行善天下的志向。可惜由于种种原因，这项工作一直没有时间进行，这成他的心中憾事。

到了江阴，在教书之余，余治开始思考传统蒙学书籍的不足，想在蒙学书籍的著述上有所创新。传统蒙学读物的重心在识字、背诵一些诗词，在私塾读了几年书，很多孩子并没有继续学习下去，所以也就荒废了。至于私塾让孩子们读的《神童诗》《千家诗》等，对于身心健康也没有多大帮助，至少在孩子品行方面功效不大，于是他决心仿照《神童诗》《千家诗》的体例，重新编撰新的五言诗。余治把这些诗汇总，取名《发蒙必读》。

《发蒙必读》编好了，但不清楚是否受到欢迎，所以余治自费让人刻印，分送给一些私塾让孩子试读。余治或许是对自己的做法心里没底，所以在这些书籍上没有署上自己的名字。他在观察，看自己的这些诗篇是否受到欢迎。谁也想不到，短短几日，很多私塾争相传抄。看到效果明显，余治越发坚定了编著善书、劝人行善的志向。余治从此走上不同于其他慈善家的慈善之路——劝善、著善书成为他一生的主要追求。

在余治辑录的历代善书大成《得一录》中，有一段他和乡人的对话，颇能代表他编辑善书的思想。

余治问："你读过书吗？"

乡人答："读过五年私塾。"

余治问："先生教你如何做人吗？"

乡人答："没有，只是每天读'四书'中一段，写几行字而已。"

余治问:"在私塾读过什么书?读过《孝经》《小学》《弟子规》吗?讲过'二十四孝故事'吗?"

乡人答:"没有。开始的时候先读《神童诗》《千家诗》,后来才学习《中庸》《孟子》,像《孝经》这类书没有见过。"

余治问:"明白《中庸》《孟子》中的道理吗?"

乡人笑着说:"当初先生没有给我讲过,我怎么能明白?现在回想起来,书中的话早就忘了大半,又怎能明白其中的道理?"

余治说:"你读了五年私塾,竟然没有得到一点益处?"

乡人说:"尽管在私塾五年没有得到什么好处,但有两次夜谈,让我受益匪浅,没齿难忘,那是我的恩师啊。"

余治问:"能否告诉详情?"

乡人说:"我从私塾毕业后,好几年过去了,还是愚钝顽劣。有一天老丈人家有事,我就住在丈人家书房,和丈人家请的陈先生同住。陈先生老成持重,善于教诲,他给我讲了许多古今孝悌的事情,教我如何孝顺父母,如何对待兄弟,如何治家,如何处世,如何交友等,这才使我恍然大悟,觉得以前所做的事情都是糊涂透顶。第二天晚上,陈先生给我一本小书,是先生你辑录的诗,语言虽然粗浅,但说的都是忠孝之事,我如梦初醒,把它奉为至宝,终于明白为人之道。"

通过偶遇乡人的这通对话,余治大发感叹,他对当今的私塾教育的弊端愈加明了,更坚定了他编撰新蒙书的决心,希望通过新蒙书的编撰,改变传统蒙书的弊端。

二、劝善蒙书传佳话

赠送《发蒙必读》只是余治开始创作蒙学读本的开始,既然明白了私塾蒙学读物的弊病,就应该有所改变。为此,余治针对私塾读物的弊端，开始编撰《续神童诗》《续千家诗》。

《千家诗》是过去私塾教育蒙童必读的诗，是我国旧时带有启蒙性质的格律诗选本。它所选的诗歌大多是唐宋时期的名家名篇，易学好懂，题材多样，内容有山水田园、赠友送别、思乡怀人、吊古伤今、咏物题画、侍宴应制，较为广泛地反映了唐宋时代的社会现实，所以在民间流传广泛，影响极其深远。五绝诗，如孟浩然的《春晓》："春眠不觉晓，处处闻啼鸟。夜来风雨声，花落知多少。"王之涣的《登鹳雀楼》："白日依山尽，黄河入海流。欲穷千里目，更上一层楼。"七绝诗，如朱熹的《春日》："胜日寻芳泗水滨，无边光景一时新。等闲识得东风面，万紫千红总是春。"苏轼的《春宵》："春宵一刻值千金，花有清香月有阴；歌管楼台声细细，秋千院落夜沉沉。"……

《神童诗》也是过去私塾教育儿童必读的诗，主要是述志劝学。《神童诗》为宋代汪洙所编。汪洙，宋哲宗元符三年（1100）进士，曾官至观文殿大学士。他自幼能诗，被时人誉为"神童"。他把自己咏志劝

《神童诗》书影

学的诗作编辑成书，称为《神童诗》。但传世的《神童诗》并不尽是少年神童的作品，也不完全是汪洙一人所独有，而是历代不断增补，增添了魏晋南北朝至隋唐时期的内容。因为这些诗作除了劝学述志，还有一些咏物抒怀之作，因文字浅显易懂，很适合儿童阅读，所以在明清时期的私塾里非常盛行。

《神童诗》究竟写了哪些内容而成为私塾里长期流传的必读书，让我们看一下就可以明悉：

天子重英豪，文章教尔曹。万般皆下品，惟有读书高。
少小须勤学，文章可立身。满朝朱紫贵，尽是读书人。
学问勤中得，萤窗万卷书。三冬今足用，谁笑腹空虚。
自小多才学，平生志气高。别人怀宝剑，我有笔如刀。
朝为田舍郎，暮登天子堂。将相本无种，男儿当自强。
学乃身之宝，儒为席上珍。君看为宰相，必用读书人。
莫道儒冠误，诗书不负人。达而相天下，穷则善其身。
遗子满赢金，何如教一经。姓名书锦轴，朱紫佐朝廷。
古有千文义，须知学后通。圣贤俱间出，以此发蒙童。
神童衫子短，袖大惹春风。未去朝天子，先来谒相公。
年纪虽然小，文章日渐多。待看十五六，一举便登科。
大比因时举，乡书以类升。名题仙桂籍，天府快先登。
喜中青钱选，才高压众英。萤窗新脱迹，雁塔早题名。
年少初登第，皇都得意回。禹门三汲浪，平地一声雷。
一举登科日，双亲未老时。锦衣归故里，端的是男儿。
玉殿传金榜，君恩赐状头。英雄三百辈，随我步瀛洲。
慷慨丈夫志，生当忠孝门。为官须作相，及第必争先。
宫殿岧峣耸，街衢竞物华。风云今际会，千古帝王家。
日月光天德，山河壮帝居。太平无以报，愿上万言书。

久旱逢甘霖，他乡遇故知。洞房花烛夜，金榜题名时。
土脉阳和动，韶华满眼新。一枝梅破腊，万象渐回春。
柳色侵衣绿，桃花映酒红。长安游冶子，日日醉春风。
淑景余三月，莺花已半稀。浴沂谁氏子，三叹咏而归。
数点雨余雨，一番寒食寒。杜鹃花发处，血泪染成丹。
春到清明好，晴添锦绣文。年年当此节，底事雨纷纷。
风阁黄昏夜，开轩纳晚凉。月华当户白，何处递荷香。
漏尽金风冷，堂虚玉露清。穷经谁氏子，独坐对寒檠。
秋景今宵半，天高月倍明。南楼谁宴赏，丝竹奏清音。
一雨初收霁，金风特送凉。书窗应自爽，灯火夜偏长。
庭下陈瓜果，云端望彩车。争如郝隆子，只晒腹中书。
九日龙山饮，黄花笑逐臣。醉看风落帽，舞爱月留人。
昨日登高罢，今朝再举觞。菊花何太苦，遭此两重阳。
北帝方行令，天晴爱日和。农工新筑土，共庆纳嘉禾。
帘外三竿日，新添一线长。登台观气象，云物喜呈祥。
时值嘉平候，年华又欲催。江南先得暖，梅蕊已先开。
冬季更筹尽，春随斗柄回。寒暄一夜隔，客鬓两年催。
解落三秋叶，能开二月花。过江千尺浪，入竹万杆斜。
人在艳阳中，桃花映面红。年年二三月，底事笑春风。
院落沉沉晓，花开白雪香。一枝轻带雨，泪湿贵妃妆。
枝缀霜葩白，无言笑晓风。清芳谁是侣，色间小桃红。
倾国姿容别，多开富贵家。临轩一赏后，轻薄万千花。
墙角一枝梅，凌寒独自开。遥知不是雪，惟有暗香来。
柯干如金石，心坚耐岁寒。平生谁结友，宜共竹松看。
居可无君子，交情耐岁寒。春风频动处，日日报平安。
春水满泗泽，夏云多奇峰。秋月扬明辉，冬岭秀孤松。

诗酒琴棋客，风花雪月天。有名闲富贵，无事散神仙。

道院迎仙客，书堂隐相儒。庭栽栖凤竹，池养化龙鱼。

春游芳草地，夏赏绿荷池。秋饮黄花酒，冬吟白雪诗。

《神童诗》教给孩子们的都是读书可以做官，读书可以获取美好前程，读书可以得到幸福生活等。

但是到了晚清，到了余治这里，他已经看到传统私塾教育内容对人的道德品行培养益处不大，所以他费尽心思，续写《神童诗》，提倡行善，劝人行善，倡导孝道，加强个人修养。很显然《续神童诗》反映的是余治劝善、行善的思想。

两相比较，我们便能发现《续神童诗》在重塑社会伦理道德、加强个人修养方面的作用。

余治的《续神童诗》全文如下：

天子重英豪，诗书教尔曹。万般皆下品，为善最为高。

第一当知孝，原为百善先。谁人无父母，各自想当年。

十月怀胎苦，三年乳哺勤。待儿身长大，费尽万般心。

想到亲恩大，终身报不完。欲知生我德，试把养儿看。

精血为儿尽，亲年不再还。满头飘白发，红日已西山。

乌有反哺义，羊伸跪乳情。人如忘父母，不及畜生身。

奉养无多日，钱财勿较量。双亲同活佛，何必远烧香。

打骂低头顺，糟糠背面吞。但求亲适意，吃苦也甘心。

莫说万千差，爷娘总不差。你身谁养你，禽兽不如么。

父母同天地，人人各问心。倘将亲忤逆，头上听雷声。

兄弟休推托，专心服事勤。譬如单养我，推托又何人。

随父皆为母，何分晚与亲。皇天终有眼，不负孝心人。

孝子人人敬，天心最喜欢。一生灾晦免，到处得平安。

人子原当孝，还须新妇同。一门都孝顺，家道自兴隆。

媳妇孝公婆，神明卫护多。丈夫宜教训，最好一家和。
兄弟最相亲，原同一本生。兄应爱其弟，弟必敬其兄。
骨肉见天真，钱财勿计论。同胞看亲面，切戒勿伤情。
式好亲兄弟，休将两耳偏。至亲能有几，少听枕边言。
同气连枝重，休将姊妹轻。倘令情义薄，何以对双亲。
伯叔须当敬，同堂谊最亲。居家尊长上，相待贵殷勤。
祖宗虽然远，逢时祭必诚。求安须入土，坟墓早留心。
夫妇期偕老，平居贵在和。一家相忍耐，得福自然多。
家有贤妻子，夫男少祸殃。水真能克火，自有好名扬。
宗族宜和睦，乡邻要让推。丝毫存刻薄，怨气一齐来。
婚嫁宜从俭，休将物力伤。明人暗中笑，何必大排场。
娶妇求贤惠，何须论嫁妆。且留余地步，日后过时光。
酒肉非朋友，宜防入下流。时亲方正士，好样自家求。
若到为官日，须知报国恩。倘令贪与酷，枉读圣贤文。
一入公门里，当权正好修。好开方便路，阴德子孙留。
男女阴阳判，宜求廉耻全。男须名是重，女以节为先。
戒尔休贪色，贪来病莫支。自家有妻女，还报悔嫌迟。
淫乱奸邪事，原非人所为。守身如白玉，一点勿轻亏。
暗地勿亏心，须防鉴察神。念头方动处，天已早知闻。
积德终昌盛，欺心越困穷。还金兼隙色，第一大阴功。
戒尔勿贪财，贪财便有灾。此中原有数，何必苦求来。
财物眼前花，来时且慢夸。细将天理想，勿使念头差。
酒醉最伤人，糊涂误正经。况多成痼病，贻患到双亲。
闲气莫相争，徒然害自身。善人天保佑，何必闹纷纷。
斗气真愚拙，甘将性命轻。忘身忘父母，不孝罪无伦。
口角细微事，何妨让几分。从来大灾难，多为小纷争。

官法苦难熬，相争手勿交。倘然伤性命，谁肯代监牢。
小怨狂争斗，旁人切勿帮。须知人命重，惹出大灾殃。
莫说他人短，人人爱己名。枉将阴骘损，况有是非生。
田产休争夺，空将情义伤。区区身外物，谁保百年长。
争讼宜和息，官私切勿成。有钱行好事，乐得享太平。
结讼最为愚，家财荡尽无。可怜忙碌碌，赢得也全输。
唆讼心肠坏，明明是小人。暗中还取利，壁上看输赢。
天道最公平，便宜勿占人。天宽并地阔，何弗让三分。
谎话说连篇，难瞒头上天。倘令人看破，不值半文钱。
度量须宽大，将心好比心。量宽终有福，何必学凶人。
君子总虚心，轻狂是小人。回头不认错，甘与小人邻。
财势难长靠，欺人勿太狂。请看为恶者，那个好收场。
一字千金值，存心莫放刁。有才须善用，勿使笔如刀。
谁保常无事，平居勿笑人。自家还照顾，看尔后来形。
花鼓摊簧戏，人生切莫看。忘廉并丧耻，受害万千般。
淫戏休宜点，何人不动情。害人防自害，妻女败名声。
莫入赌钱场，甘投陷马坑。终身从此误，家业必消亡。
火化烧棺事，儿孙太毒心。请君细心想，天理可该应。
溺女最堪伤，心肠似虎狼。结冤终有报，灾难一身当。
一样皆人命，何分女与男。母妻多是女，何以两般看。
善事诸般好，无如救命先。救人千百命，功德大无边。
万物总贪生，须存恻隐心。放生堪积德，禄寿好培根。
滋味勿多贪，生灵害百般。咋过三寸舌，谁更辨咸酸。
禽鸟莫轻伤，轻伤痛断肠。杀生多减寿，利害细思量。
牛犬与田蛙，功劳百倍加。一门能戒食，瘟疫免全家。
惜字一千千，应增寿一年。功名终有分，更得子孙贤。

俭朴最为良，奢华不久长。粗衣与淡饭，也好过时光。
靡费真无益，十分体面装。省来行善事，保尔子孙昌。
急难人人有，伤心可奈何。此时为解救，阴德积多多。
欲望后人贤，无如积善先。临终空手去，难带一文钱。
生意经营客，钱财总在天。留心能积德，明去暗中添。
技艺随人学，营生到处寻。一生勤与俭，免得去求人。
步担肩挑子，全家性命存。得钱能有几，何忍与他争。
更劝上头人，休将婢仆轻。一般皮与肉，也是父娘生。
强取人财物，良心坏十分。银钱虽到手，面目不留存。
何苦学凶人，谋财是黑心。青天来霹雳，财去命难存。
负义忘恩者，原来不是人。试从清夜里，细细想前情。
搬是搬非者，冤家结最深。终须招恶报，拔去舌头根。
凡事随天断，何须太认真。不妨安我分，做个吃亏人。
少小须勤学，安心进学堂。书声宜响亮，字画必端方。
言语须和气，衣冠贵肃齐。好将人品立，方可步云梯。
年少书生辈，淫书不可看。暗中多斫丧，白璧恐难完。
过失须当改，人生几十秋。死生原大事，急速早回头。
字纸弃灰堆，灾殃即刻来。好将勤拾洗，免难更消灾。
五谷休抛弃，须知活命根。时时能检点，功德自非轻。
天地须知敬，清晨一炷香。亏心多少事，每日细思量。
同享太平福，人须学善良。倘为邪教误，何以对君王。
王法宜知畏，奸刁勿逞凶。欺人心地坏，头上有天公。
共把皇恩报，银漕须早完。倘然久拖欠，四季不平安。
作恶行凶者，便宜总占先。一朝灾难到，床上悔从前。
第一伤人物，无如鸦片烟。此中关劫数，明者避为先。
诗句神童续，良言值万金。善人终究好，天理弗亏人。

余治之所以不遗余力关注蒙童教育,撰写《发蒙必读》免费赠送私塾,编写《续神童诗》《续千家诗》,提倡孝道,注重个人修养,是因他看到了鸦片战争后社会在"欧风美雨"的浸润下悄然发生的变化。在他看来,当时社会"世教衰而风俗敝,子不孝其父母,媳不敬其翁姑者,所在多有"[①]。他对现实生活不满,因此从劝善的立场出发,立志挽回儒家传统的伦理道德,挽救世风日下的社会秩序。

劝善、行善,使余治意识到了学校教育的重要性,劝化民众,就要从学校教育开始,从私塾教育开始,从义学教育开始,从小培养孩子的善心。

三、倡设义学助贫寒

义塾之设由来已久,义塾也称义学,是传统社会一种典型的教育救助形式。最初的义塾设置于一些义庄中,救助的对象是家族中贫寒子弟,只要是本族子弟,均可进入义塾学习。

义塾一般设在祠堂内,由家族延请教师,教授本族子弟读书。因是一种带有慈善性质的机构,所以不收学费是其主要特点。虽然义塾名义上是为本族子弟而设,但在执行过程中,有些义塾也开始收容一些外族子弟,尤其是邻里亲属间无力读书者也可以进入,但前提条件是义塾员额尚有空缺。

到了晚清,江南地区的慈善群体在灾荒之年倾力救助灾民之外,还开始把注意力转移到教育救助上,在各地纷纷设立义学。在江南义学设立上,余治是倡导者和执行者,他虽然没有足够的财力来兴办义塾,但在他的周围,有一群心怀怜悯之心的慈善家,他们以另一种形式筹办义塾,即以集资的方式募捐资金,广行义塾。让那些社会上流落的少年,

---

① [清]余治:《得一录》卷十三。

或者贫寒人家的子弟能够进入义学学习。

在余治看来,读书明理对一个人的成长关系重大,俗话说"玉不琢,不成器;人不学,不知义",读书不仅仅是博取功名,最主要的还是明理识体。对于有钱人家来说,可以礼聘教师、开设家塾教育自己的子女,而贫家子弟就没有那么幸运了,生活尚无着落,何来资金聘请名师?很多贫家子弟不是不想读书,而是根本没有书可读,这才使得他们目不识丁,一生浑浑噩噩,更别提忠君孝顺、明断大义。

从事多年私塾教育的余治对此深有感触。在他看来,劝善、行善除拯救人的生命外,人的思想救助、品德救助同样重要。于是他开始团结更多的慈善家,一起办义学,让那些贫困之家的子弟入学学习。

道光二十五年(1845),余治"念贫家子弟无力读书",开始"鸠资为设义塾数处"[1],在无锡等地兴办义学。在他的义举感召下,常熟等地纷纷效仿,义学在江南纷纷设置。

对于为什么要创设义学,余治有自己的看法。在他看来,现在很多人都在谈论人心不古,世风日下,好像人生天地间,有古今差异,殊不知都是因为缺乏教育、教法不当才造成今日的局面。他主张组建义学,专门教育那些贫家子弟。在义学里,先教给他们余治编辑出版的七种读本,再教《圣谕广训》之类的书籍。这七种书籍都是善书,善书上所讲的内容,都是儒家的至理名言。儒家的典籍,义理很深,一般人看不懂,而善书内容浅,对于普通人来说,这些书浅显明了,容易读懂,便于领会。私塾教师也容易讲解,一个小孩明白了书中的道理,就可以说给他的父兄听,还可以讲给左邻右舍听。所以当今之世,要想扭转社会风气,光办那些应付科举的学院不行。官办学院培养的本来就是优秀的人才,从社会效果来讲,不如筹办义学教育儿童,谁又能说今日的幼童日后不能成为国家才俊。只有成百上千的人读书识字,明白书中的道理,社会

---

[1] [清]吴师澄:《余孝惠先生年谱》。

风气才会改变。之所以有些人染上不良习气,都是因为没有读书,不明白书中的道理。任何人都有廉耻之心,都有向善的本性,读书明理,可以让人幡然醒悟,这样的事例太多了,所以就目前来说,余治认为当务之急是设立义学,让更多的贫家子弟得到良好的教育。

为了推广各地创设义学,余治不时向地方官府呈文提出自己的建议,要求官府积极筹办义学,让更多的贫家子弟都能得到良好的教育。

对于创设义学,余治尤其重视小学义学,也就是创设儿童义学。小学义学,也就是简便义塾,专门为穷乡僻壤的乡村孩子而设。为什么说简便?就是时间比较短,以两个月为期。小学义塾相对于乡塾来说,简便多了。在一般的乡塾受教育,一般得好几年,而小学义塾只有两个月,在这两个月中,专门讲解做人的道理。

劝人办义学,最主要的就是筹集经费。如果要办一所像样的私塾,那经费肯定是不少的,动辄需要上千两银子,除非世家大族和官府,谁有这么大的能力。所以做善事,一说到经费,大都知难而退。但创设小学义学就不一样了,费用很少,两个月也不过十数千文,也就是十几两银子。这点钱对大户人家来说,也不过一两顿饭钱,劝人捐款,也就不费什么力。对于那些大家族来说,从日常花销中随便节省一点,也不是什么难事。再者,如果地方有几个慈善之人,共同商议,也是很容易的。所以办小学义学是最简便的,这样用钱少,收到的效果却很明显,"在有力之家,每岁多用一聘师之费,亦属无多。而在乡则可分设五处义塾,可教数百孤寒子弟。此外听讲之人互相传劝,又可感动千万人。阴德之积,孰有大于此者"[①]。

对于小学义学,余治提出了办学条规,这些条规概括起来主要有如下几点:

1.时间以两个月为期,人数每期20人,费用不过十余千文钱,也

---

① [清]余治:《得一录·变通义学章程》。

就是十几两银子。

2. 可以随地举行，义学只要两三间房子就可以，或在乡公所，或在寺庙，请一两个有品行能讲说的老者就可以。一地两个月期满，可以转到另一地，长期坚持，效果十分明显。

3. 设立一本登记簿，登记学生的姓名和教授的课程以及平时学生的功过。凡是无钱上私塾的，都能来此学习。但必须有个约定，进入义塾后的这两个月很关键，对一个人的成长关系甚大，因此必须听先生的教诲，不能姑息迁就，不准请假，有过错也不能代为遮掩，家长和老师严格督促才能成功。

4. 开学第一天，在孔圣人面前行释菜礼，也就是教育学生如何行拜献的仪式。教师和义塾负责人行礼，学生在一边观摩，目的是让学生懂得礼数。

5. 每天到学校，学生必须在孔子像前焚香叩拜。之后教师开始一个一个询问学生：在家有没有不孝顺父母，兄弟姐妹之间有没有争吵闹别扭，有没有打人骂人，有没有淘气顽皮损坏东西，有没有不爱惜字纸和粮食，有没有争抢吃的等。不许隐瞒，有就让他们改正，不改就要受到责罚，或者罚跪一炷香时间。如果有学生没有犯错，则奖赏一些点心、水果之类。

6. 在义塾中，如果学生不识字，就要先教他们认字一二百个，然后再教授一些蒙童诗。当然蒙童诗不是过去的《神童诗》《千家诗》，而是余治新编辑的《续神童诗》《续千家诗》，两个月内必须讲完一两本，慢慢细说其中的道理，还要让学生身体力行，照着书中所讲的内容做。每天傍晚必须给学生讲两三个如何做人的故事，还要让学生互相讲解，直至弄明白。

7. 每天天亮即起，先到父母面前问安，然后打扫庭院，之后到义塾。没有父母的，必须先到祖宗牌位前跪拜，然后打扫庭院。到义塾，先给孔子行礼，再给老师行礼，然后轮流打扫卫生，擦拭桌椅，读书听课。上课时，不得说话，静心听讲，坐有坐相，站有站相，不得歪三扭四。每天回家吃饭，必须先给父母盛饭。晚上回家，必须向家中所有长辈行礼问安。如果发现有哪个学生不遵守校规，罚跪一炷香时间，父母不能代为求情。

8.子弟进入义塾学习，要有见面礼。见面礼就是每人家中不用的字纸，或妇女用的夹鞋样一本，或捡路上遗弃的字纸。其他人愿意来听讲的，也必须带些字纸作为见面礼。其目的是培养大家的惜字习惯。

9.每个月必须宣讲乡约一次。

对于倡办义塾，余治有清醒的认识，那就是"可以正人心，可以厚风俗；可以广庠序之教，可以救刑政之穷"。

四、训蒙重在立良规

余治的一生基本做了两件事情：一是训蒙，在私塾、学馆以教书为业；二是劝善、行善。训蒙也是劝善、行善的一项基本内容，就是培养儿童从小遵守儒家道德伦理，明理正心，做一个对社会有用、对国家有用的人。

在长期的训蒙生涯中，他发现当时私塾、学馆里的教学内容和教学方法有不少弊端，只注重知识的传授，而忽视了品德的培养，在教授如何做人方面没有进步。因此，他在很长一段时间都在探索如何改进训蒙教材。他花了很多心血编写新的蒙学读本，如前面我们提到的《续神童诗》《续千家诗》，这只是他重视蒙学教育的开始，如何开展蒙学教育，必须有一套行之有效的规矩和方法，这就是他在道光二十五年(1845)开始辑录的《学堂讲话》《训学良规》以及绘图本《日记故事》。

我们翻检史书就会发现，余治很长一段时间都在私塾和学馆度过，教育蒙童成了前半生的主要事业，也是他劝善、行善的核心内容。

如道光三年（1823），"先生训蒙里中"。是年余治只有15岁，就开始在本村的私塾里担任训蒙工作。

道光六年（1826），"与蒙童讲论，必依于孝悌"。是年余治也不过17岁。

道光七年（1827），"昼则训蒙，夜则侍学"。是年余治19岁，离开家乡到同里拜薛城起为师，一边受学，一边教书。

长期的教书生涯，使他认识到在人的一生中，童年时期的学习最重要。因此，针对当时私塾教育的弊端，他提出了自己的教育方法。

在他看来，训蒙首要工作不是教孩子识字、作诗，而是教孩子如何做人。因此，在此之后，他把慈善的工作重点放在编辑新蒙书上，放在为私塾、义塾教育立规矩上。他的工作得到了很多人的认可，其做法也得到了很多人的效仿。当时江南地区许多蒙童学馆都在使用他编辑的新蒙书，都按照他制定的规矩办学。

在私塾进行训蒙，该注意哪些事项呢？余治在《得一录·训蒙条约》中列举了一些日常注意事项，这也成为许多私塾训蒙的原则和方针。当然，这些条约是针对私塾先生的，对私塾先生讲课提出了一系列的要求。

1. 小孩子读书，务必要读得很熟，对于一些没有读过的书，则加以限定。属于温习的书，要让他们必须背诵下来，一字也不许出错。切记不要贪多，要循序渐进。

2. 孩子到了八九岁，稍稍懂点事，就要开讲小学蒙书。每天除了讲的内容，还要挑出一两条，给学生深讲，内容可选取《感应篇》《阴骘文》《觉世经》《日记故事》《因果报应》等书，这些内容必须反复讲。

3. 孩子年龄太小的，每晚也要讲一些家训格言之类。根据他们资质高下、理解程度，或一两行，或两三句，以讲解为主。

4. 凡书中涉及淫秽之事，不得向后辈谈及。诗词中的香艳之句，也不能让学生读。

5. 精选古今名人的劝孝诗，多则五六十首，少则二三十首。初讲字面意思，继而讲引申义，让孩子们朝吟夕诵。像《续千家诗》《续神童诗》等可读。

6. 早起必洗手，然后才能开卷读书。学生上厕所后，也要先洗手，然后读书。

7. 在家塾中，须悬挂圣人像（孔子像），一定要让学生朝夕拈香致拜，或挂"天、地、君、亲、师"五个大字，早晚作揖。

8. 作为老师，切忌不能误人子弟。教育学生要以德行为先，知识次之。有知识没有德行，尽管取得功名，但对于如何处世、保身、治家等，一点儿也没有好处，纯粹是误人子弟。

9. 孩子们的资质是不一样的，有的聪明，有的愚笨，总之应该先教他们孝敬父母，孝敬伯叔，尊敬兄长。学生能够遵守这些条规，在家塾中自会彬彬有礼。

10. 教师更应该留意那些寡妇之子、孤儿及父母不识字而勉力供养孩子读书人家的孩子。

11. 学生读书，有的人开始不敢读出来，随后内心会渐渐领会。老师不要因为他们资质迟钝就弃之不顾。

12. 教育学生如同教子一样，每日都要自问教子是否尽心，教育学生是否也尽心了。

……

此外，对于私塾里如何训蒙，余治也提出了一系列要求。如：

1. 对于私塾里的学生，先让他们学习打扫等家务，知晓迎、送客人的礼节。

2.每日早晨入塾，即向孔子牌位叩礼，放学时向孔子牌位作揖而退。回到家里，向父母问安、侍寝。老师对学生的坐立、行动等礼仪，都要不时提醒他们，使他们知晓、恪守。

3.私塾中要先准备小学蒙读书籍七种，即《三字经》《感应篇》《阴骘文》《觉世经》《文昌孝经》《朱柏庐家训》《吕子小儿语》，这七种书都是训诫的善书，一定要学生熟读，之后才能读"四书"。要给他们讲明白其中的道理，不要因为他们是小孩子就忽视。

4.像《日记故事》之类的书是最好的启蒙读本，必须每日讲一两条，要反复讲。现在私塾里流行的《学堂日记》《学堂讲语》等书，都是讲孝子、悌弟、善恶等故事，非常适合给孩子们天天讲解。

5.学生在私塾，理应由老师训教，回家之后应由父兄管教。老师不能因自己事情太多而让家长越俎代庖，家长更不能护短。

6.像淫书之类，不许学生接触。倘若家里有这样的书，务必取出烧毁，以免贻害无穷。

……

余治制定的蒙学良规，可以说是指导私塾教育的一剂良方。余治在劝善方面开启了以著书形式传递社会正能量的新模式，是挽风俗、正人心之举，在当时得到很多人的支持。

在训蒙方面，余治可谓不遗余力。从我们所接触到的材料来看，他亲自编撰了多种新蒙书，如《发蒙必读》《续神童诗》《续千家诗》《学堂讲语》《学堂日记》《训学良规》《古文观止约选》《名场必得技》等。

为了挽风俗、正人心，余治每到一处，便宣扬自己的思想和主张，甚至将自刻的书籍免费赠给各地私塾、学馆、义塾，呼吁大家重视训蒙。同治九年（1870），应湖州太守宗源瀚之请，余治到湖州筹办恤产局、保婴局等慈善机构。他随身携带大量自编蒙书，赠送给当地的学馆、私塾和义塾，供学生们使用。湖州太守非常欣赏余治的善举，下令乌程、归安、德清等地的义塾都使用这套教材。

余治自编的这些书，从语言文辞上算不得经典，甚至还有些通俗，自然也不见得都能获得私塾的首肯，但它行文简单易懂，更便于义塾授课。为了推广自己的教材，他还采取了以书换书的形式，如果觉得好，还可以免费赠送，其目的自然是挽风俗、正人心。

挽世风禁『淫书』『淫戏』

余治是典型的封建文人,饱受儒家文化的熏陶,所以其一言一行都是在极力维护儒家道德和儒家伦理,不遗余力地与不符合儒家道德的社会现象抗争。

然而,1840年以后,中国社会发生了"千年未有之大变局"。这个变局不是中国社会内部的自我改变,而是西方列强依靠"坚船利炮"蛮横地叩开中国大门,强行将"欧风美雨"硬生生塞入中国,引起中国社会的极大震荡,随之也带来了一系列变化。这些变化对中国读书人的心灵震撼极大。

在社会习俗方面,出现了千疮百孔的局面,这些现象让余治内心甚为煎熬,他开始振臂呐喊,呼吁人们自觉抵制不良习俗,从社会保障机制方面挽风俗、正人心,企图使日渐凋敝的社会迈上健康的发展之途。

一、移风易俗禁"淫书"

余治生活的时代基本上属于传统道德失范的时期,这一时期的标志就是政治动荡不安,经济秩序低迷萧条,各种思潮不断涌现,是中国历史上一个社会巨变的特殊时期。

在这一时期,最为严重的还是"欧风美雨"的浸入,从思想上、道德上冲击着中国传统的道德体系,尤其是江南地区出现了严重的社会问题。诚如文献所载:

> 当是时,江南方承平,风俗浮靡,市

井之子酒食征逐，士大夫亦以文艺相尚。①

生活在社会底层的民众对传统道德的信仰开始动摇，良风善俗遭到侵蚀，出现了一些让封建文人深恶痛绝的丑陋恶俗。余治总结了当时社会存在的种种恶俗，如有：

> 不孝不悌、纠众械斗、淫书淫画、淫戏弹簧、欺寡逼醮、溺女成风、焚棺、窝匪、诱赌、杀牛、宰犬、粘鸟、捕蛙、焚林竭泽。②

余治眼中的恶俗，有些是涉及封建伦理道德的，如不孝不悌；有些是坏人心的，如淫书淫画、淫戏弹簧等；有些是不良风气的，如溺女成风、诱赌等；有些是破坏自然生态的，如杀牛、宰犬、粘鸟、捕蛙等；还有些是危害社会治安的，如纠众械斗、窝匪等。

如果仅仅是存在一些社会恶俗倒还罢了，关键是各种恶俗存在于各地，形成了整个社会的通病。社会通病弥漫于城市乡村，在余治看来，这些通病概括起来主要有：

> 乡里间不孝子媳不少，通病也；……
>
> 盗贼蜂起，通病也；……
>
> 赌风、松风、诈风，通病也；……
>
> 他如堕胎、溺女、焚棺、抢孀、骗寡、宰牛、捕蛙、轻生自尽、藉尸图害、争田夺产，无一非世俗通病也；……
>
> 其他作孽造罪之事不一端，如轻弃字纸五谷、杀生害命、好谈闺阃、奢华暴殄、虐婢虐媳，皆通病也。③

在余治看来，整个社会已经病得不轻，必须设法医治。如何医治社会通病？余治认为主要有两种办法：一是官府严厉禁止；二是劝善。他

---

① [清]俞樾：《余莲村墓志铭》，《春在堂杂文续编》，上海古籍出版社，1987年。
② [清]余治：《得一录》卷十四。
③ [清]余治：《得一录》卷十四。

希望通过自己的努力，挽救每况愈下的世风，重整日益消沉的封建伦理道德。

如何移风易俗，挽救世风，匡正人心？余治从封建文人的立场出发，把挽救世风的首要目标对准那些所谓的"淫书"。

何谓"淫书"？为什么历代官府和正统文人要坚决销毁和抵制？"淫书"对封建伦理道德和人们的心智会产生什么样的影响，进而对整个社会风气和社会秩序会产生什么样的作用？我们必须有所了解，要不然，余治的所有努力、所有的劝善行为都无从解释。

所谓"淫书"就是有伤风化的言情小说、社会小说和描写性行为的淫秽小说。明清时期的"淫书"，基本上属于通俗小说，是适合普通百姓文化消费的一种文学载体，因为这些小说对社会风俗、人心乃至封建伦理道德影响较大，所以历代封建统治者对此甚为重视。

最早禁毁的言情小说是明初的《剪灯新话》，为什么要禁止这部小说？因为在此书中有相当一部分内容是描写婚姻爱情的，或是人与人的婚姻，或是人与鬼的爱情，强调一个"情"字。对爱情和美好婚姻的渴望，是广大妇女的共同要求，但有可能触犯传统的"三纲五常"伦理道德，因此被封建统治者认为是坏人心的"淫书"，加以禁毁。如《绿衣人传》中讲述书生吴源和女鬼绿衣人的爱情，他们前世都是南宋权臣贾似道家中的奴仆，同样的地位、命运、遭遇促成了他们的爱情。但这种纯真的爱情是不被封建官僚家庭所认可的，反倒认为是大逆不道，故而他们的结局非常悲惨，双双被贾似道"赐死于西湖断桥之下"。

到了明末，《水浒传》也被列入禁毁名单，原因是《水浒传》宣扬农民以暴力反抗官府的暴政和统治。对生活在社会底层的百姓而言，《水浒传》迎合了百姓反抗压迫和剥削的心理，但对官府来说，《水浒传》无疑是一颗定时炸弹，必须禁毁。

到了清朝，为了控制人心，对思想文化的控制进一步加强，禁毁小说当然也就成了其重要的文化政策。禁毁内容由"淫词"扩大到"不经"，对刊印小说处罚极重，如清初被查禁的两部小说《无声戏》和《续金瓶梅》。到了康熙朝，江宁巡抚汤斌曾颁布告谕，严禁私刻"邪淫小说"。在汤斌看来："为政莫先于正人心，正人心莫先于正学术，朝廷崇儒重道，表彰经术……今江苏坊贾，惟知射利，专结一种无品无学希图苟得之图，编纂小说传奇，宣淫诲诈，备极秽亵，污人耳目……淫词小说戏曲，坏乱人心，伤败风俗者，许人据实出首，将书板立行焚毁。"[①] 所以康熙五十三年（1714）下诏，对市面上的小说淫词，"严查禁绝"。到了乾隆朝，更是对《水浒传》严加禁毁，在统治者看来，《水浒传》是一本"教诱犯法之书"。到了晚清，农民起义不断，秘密宗教起义不断，在统治者看来，这些都是"不经"小说对民众的蛊惑，所以在这种舆论环境下，小说被视为"祸之端倪，招邪之领袖"。因此各级政府都对"淫书"严厉禁毁。

余治是主张禁毁"淫书"的得力干将，他曾写过一副楹联，表明自己坚持"淫书宜毁"的态度：

自晋头衔，木铎老人村学究；

群夸手段，淫书劈板戏翻腔。[②]

他对"淫书"的看法，全部集中在《得一录》中，他把"淫书"作为教化的大敌。在《教化两大敌论》中，余治认为：

从来天下之治乱系乎人心，人心由乎教化。教化一日不行，则人心一日不转。教化者，圣王驭世之微权，实人心风俗转移向背之机，不可一日或废者也。顾欲兴教化而不先去其与教化为敌者，则教化必不能施。譬之治病，苟邪气未除，则补剂必不能受。此理势之所必然者也。……孰知近世竟有坏法乱纪，

---

① ［清］汤斌：《严禁私刻淫邪小说戏文告谕》，《汤子遗书》卷九，四库全书本。
② ［清］余治：《庶几堂今乐》，光绪六年得见斋刊本。

敢与教化为大敌,可为痛哭流涕长太息者。厥有两端:一曰淫书,一曰淫戏。①

余治把"淫书"和"淫戏"作为破坏伦理风俗的两大敌人,在他的心目中,这两者对人们的危害是相当大的。在他看来,市面上的"淫书",当然是专指言情小说、社会小说和淫秽小说,专门诱导人们作恶。想一想那些少年子弟,情窦初开,对男女之事充满好奇,一经过目,必然会魂销魄夺,以至于不加节制,最后丧身亡家。"淫书"的诱惑太大了,贤父严师教育十年,不及淫书一览;圣贤千言万语加以引导,不及"淫书"一两部就让他们身败名裂。

余治心目中的"淫书"都是一些什么小说?其内容又是如何?我们在《得一录》中可以看到这些"淫书"的目录。

在余治开列的"淫书"目录中,初步算下来就有一百多部:

《昭阳趣史》《桃花影》《七美图》《碧玉塔》《玉妃媚史》《梧桐影》《八美图》《碧玉狮》《呼春稗史》《鸳鸯影》《杏花天》《摄生总要》……

如果我们细加分类,大致可以看出:

一类是言情小说中有露骨的性描写和淫乱的性生活描写。

像《巫山艳史》堪称一部典型的淫秽作品,它写风流潇洒的李公子与数位女性的性爱生活,作者重笔浓墨,意在展示性交淫欲的感官刺激,远非一般才子佳人作品所能企及。

一类是所谓的"不经"小说,如《水浒传》《红楼梦》等。

把《水浒传》列为"淫书",在于《水浒传》"愚民之惑于邪教,亲近匪人者,概由看此恶书所致"。《水浒传》成了"教诱犯法之书",在全国范围内遭到禁毁。

把《红楼梦》列为"淫书",在于"《红楼梦》一书,诲淫之甚者

---

① [清]余治:《得一录》卷十一之《教化两大敌论》。

也"。汪堃在《寄蜗残赘》中称《红楼梦》："宣淫纵欲，流毒无穷。"陈其元在《庸闲斋笔记》中如此评论："淫书以《红楼梦》为最，盖描摹痴男女情性，其字面绝不露一淫字，令人目想神游，而意为之移，所谓大盗不操干矛也。"

对于所列"淫书"的危害，余治站在"挽风俗、正人心"的立场，指出了若干条，主要有如下几点：

1.玷污品行。在余治看来，喜欢看这些小说的，都不是什么正人君子。他还举例说，南海县有一个县令，特别喜欢看《肉蒲团》，还亲自手抄一本天天翻看，不料中间出了差，把《肉蒲团》的内容抄到了给上级看的公文里，惹得上级大怒，逐级禀告他品行不端，私看淫书，有伤风化，结果这县令被革职处死。

2.败坏女人的贞洁名声。对于"淫书"，不光男人爱看，社会上一些女人也喜欢看。如果女人私藏淫书，偷偷看，就会红杏出墙，闹出丑闻，最后身败名裂。

3.误导子弟。有些人家私藏了这些"淫书"，家中的孩子也会偷偷看。看得越早，受到的祸害就越早，身心受到摧残也就越早，最终不是身患重病，就是沉湎其中不能自拔，郁郁而死。即便后来有些后悔，但元气大伤，终不能成大器。这些都是由于父辈在家里藏了这些"淫书"所带来的。他还举例说，金陵有一户人家，孩子非常聪明，过目成诵，13岁就博通经史。有一天，他偷偷看了"淫书"，被书中的情色故事所吸引，七天七夜，废寝忘食，结果身心疲倦，不治而死。

4.对身心健康不利。余治认为喜欢看这种书的人，不是被妖魔附体，就是多患重病。他举例说，杭州有一个姓朱的司马，刚过50岁就请求退休回家。他对家人说，我小时候喜欢看色情小说，现在病入骨髓，活不了多久。果然没多久，就一命呜呼。

既然"淫书"有这么多的祸害，对人心、社会风气有这么大的祸害，又该如何杜绝呢？为此余治从劝善的角度，提出了禁毁"淫书"的10种方法。

1. 在朝中的馆阁名臣、谏臣御史，应该向皇上陈明利害，请皇上下诏严令禁止，这是斩草除根、永绝后患的方法。"淫书"污秽人心，有伤风化，和王道背道而驰，而且每年又有无数的奸情流毒天下，有敢销售"淫书"的绳之以法，民间有禁毁"淫书"的要加以奖励。

2. 下令各省、各地方长官，上任伊始，就严令禁止。对于那些翻印"淫书"的人严惩不贷，不许民间收藏雕刻的印版，不许画师临摹《春宫图》等淫秽画册，不许不法商人出售春药，不许书商销售"淫书"，不许不轨之徒制造淫具，不许游医传播春方，更不许编"淫书"、填"淫词"、唱"淫曲"，对违反者严惩不贷。

3. 各类学校的教师，不许谈论男女闺房中的话题，不许写言情词曲。严禁学生收藏"淫书"，更不得写一些有伤风化的文字，发现有这样的文字，必须烧掉。朋友中有犯戒的，要苦口婆心劝导。

4. 要劝那些富家大族，发动家人广收"淫书"，买到就烧毁。财力有限的，也要尽可能多地销毁"淫书"。发现一本就少一本，日积月累，也是不少的。如果自己的亲戚朋友为了生计从事刻印销售"淫书"，自己要出钱帮助他们销毁印版，将所藏"淫书"全部销毁。

5. 好言相劝那些贫寒人家，无力买"淫书"和印版并加以销毁，也应该手抄一些禁毁"淫书"的宣传文字，到处分送，没有时间抄写，也应该尽可能地逢人就劝说，口口相传、相劝远离"淫书"，功劳也是不小的。

6. 奉劝那些书商店铺，要定下行规，凡是有人想刻印淫秽书籍，一概不接受。对有私下刻印的，商议出惩罚的办法。

7. 奉劝各省的大型书店，不许经销"淫书"。

8. 劝告那些民间画家，不许画《春宫图》等淫秽画册，免得那些不识之人受到毒害。

9. 劝告那些民间游医，不许传播与性有关的秘方。

10. 劝告人们在宴会的时候，不要点那些淫秽戏曲，免得让不谙男女之事的少男少女们春心荡漾，滑向罪恶的深渊。

余治不遗余力倡导禁毁"淫书"，完全是站在维护封建伦理道德的立场对当时社会存在的诸多丑恶现象的抨击，是在近代中国社会大变革的背景下，重回传统，重建传统价值观念的体现。这些"淫书"，有人认为是冲破封建牢笼束缚，追求男女情爱的体现，但在余治看来，许多言情小说过多地描写性生活，这些作品着实有伤风化。从这一点来看，余治反对"淫书"，对净化社会风气也还是有一定的价值的，这是余治"劝善"思想的一种体现。

二、倡导新风禁"淫戏"

在余治劝善、行善的过程中，力主禁毁"淫书"的同时，也力主禁毁"淫戏"，尤其是禁演"淫戏"，这与他以后编写新的剧本，提倡新的戏剧有着直接的关系。禁"淫戏"是为了提倡新的戏剧，满足人们的精神需求。

在余治看来，导致晚清道德伦理滑坡、社会风俗奢靡的罪魁祸首不是别的，正是"淫书"和"淫戏"。他认为，"淫书""淫戏"是败坏社会习俗的两大公敌，必须力行禁毁。

为什么这么说呢？在任何时代，人们的生活追求除了物质追求，精神生活的追求也不可或缺，文化娱乐成为满足人们精神生活的主要内容。文化娱乐自古以来不外乎音乐、舞蹈、戏曲等。这其中，乐有雅乐和俗乐之别。俗乐自然就是指民间百姓喜闻乐见的娱乐形式，包括民间音乐、民间舞蹈、民间文艺、民间戏曲等。

在古代，人们受教育条件普遍较低，大多数百姓没有机会得到良好的教育，自然也就无法享受所谓雅乐的熏陶，精神陶冶自然也就轮不到他们头上。但作为人，除了衣食住行等生活必需，精神生活也不能或缺，于是适合民间百姓的俗乐应运而生。俗乐是为百姓而作，故而俗乐的内容相对于雅乐来说，更接地气，但低级、插科打诨、色情自然也少不了。正是因为这些低级趣味的戏曲迎合了一部分市井百姓的精神需要，历朝历代这些戏曲在民间流行极广，尤其是宋元以后，随着戏曲艺术的进一步民间化，俗乐在民间的影响越来越大。

戏曲艺术对社会的教化作用自古以来就受到人们的关注，在《诗大序》中就有这样的看法，并明确提出了诗歌的教化作用。好的诗歌能够"正得失，动天地，感鬼神"，可以"经夫妇，成孝敬，厚人伦，美教化，易风俗"，意思是说艺术能够帮助人正视得失，可以感天动地，还可以摆正夫妻关系位置、成全人们的孝敬之心、巩固人伦关系、美化教育、移风易俗，尤其是宋元以后，理学大兴，戏剧艺术对忠孝节义、"三纲五常"的宣传作用日渐明显。许多学者提出了戏曲对民众教化的重要性。

戏剧尽管有厚人伦、美教化、易风俗的正面作用，但也不可否认，为了迎合观众的审美情趣和精神需求，为了迎合观众的猎奇需要，出现了一些在统治者看来有违伦理道德、社会风气的剧目，也就是统治者和正统剧作家认为的"诲淫""诲盗"的作品。比如在一些梨园、乡间小剧场，有些剧团演的《水浒传》，本是歌颂农民不堪统治者的压迫和剥削，以武力反抗争取自身生存权利的故事，但在一些封建卫道士看来，是把盗贼当成英雄加以歌颂，这样就会使得作奸犯科的"奸民"群起效仿。比如《西厢记》，本来是歌颂青年男女冲破封建伦理纲常追求自由爱情的故事，在他们的眼里却成了"狭邪韵事"，如果男女青年都把追求自由恋爱作为婚姻的目标，那么"父母之命、媒妁之言"的传统范式就会被人抛弃，父母的威权就会不存在，最终的结果是整个社会的少男少女们"群效风流"，那社会风气将会日渐萎靡。

余治看到了当时城市乡村梨园、草台剧场所演出的戏剧存在的问题，这引起了他的极大不满，他认为这些"诲淫""诲盗"的作品破坏了戏剧的教化作用，广大观众的心灵受到腐蚀，甚至会做出一些有违伦理道德的事情，更对统治秩序造成不小的危害，社会风气也变得越来越让人担心。诚如他在《教化两大敌论》中所说的："淫戏一演，四方哄动，男女环视，妖态淫声，遂致青年子弟，璇阁姬姜，牵惹情魔，难万白璧，是国家岁旌节孝千百人，不及淫戏数回之观感为尤捷也，是千百正人君子扶之而不足者，一二贱优狎客败之而有余也。"①

对于这些"淫戏"，该如何对待？余治提出了自己的主张："淫戏宜禁"。为什么要禁毁这些"淫戏"？余治在城市乡村梨园和草台剧场看到的情景，更坚定了他禁毁"淫戏"的立场。

那么，当时的梨园和草台剧场上演的剧目又是怎样的一种情形？我们通过有关文献再现当时的有关情形。

在当时民间有俗语："风流淫戏做一出，十个寡妇九改嫁。"还有："乡约讲说一百回，不及看淫戏一台。"由此可见风流淫戏在当时的影响，这也是封建卫道士们一直担心和耿耿于怀的，也是他们力图禁止"淫戏"、挽救风俗的努力所在。

当时的情形真的是这样的吗？

梨园"淫戏"情形。梨园，也就是我们俗称的戏班、剧团，是正规的剧团，专门以演戏为职业。到剧院看戏的人，五花八门，人们进入剧场看戏，自然是为了博得一笑，纯粹的封建说教戏剧，绝不会引起人的情趣，人们也不会花钱进去。晚清时期，一些戏班为了招徕顾客，为了迎合观众的猎奇心，一些戏班就开始排演一些有关历史上的风流韵事的剧目。那些所谓的"淫戏"一开演，台下观众的胃口就被吊了起来，几百双眼睛盯着台上，听得神魂颠倒，每到精彩处，无不发出喝彩声。在

---

① ［清］余治：《得一录》卷十一。

封建时代，男女性爱一直是很忌讳的事情，这些带有色情的戏剧，自然满足了人们的好奇心。因此，剧团成为"淫戏"散布的主要场所。

地方迎神赛会。迎神赛会是一种古老的民俗及民间宗教文化活动。人们把神像抬出庙来游行，并举行祭会，以求消灾赐福。迎神赛会一般在正月或者神的诞生日举行，在民间是很隆重的群众性集会，可以比肩春节和元宵节，热闹非常。在这样的节日，许多地方都要请戏班演戏，因为人多热闹，加之都是乡野百姓，自然所选取的戏目少不了花前月下、才子佳人、风流韵事的爱情故事，当然在戏词、表演上也确有一些浪荡不羁的地方。因为这些戏曲迎合了人们对情爱的渴望，自然每当戏班开演，台下观众人山人海，人头攒动，人们争相观看。

城乡寺观庙宇集会。在中国民间宗教信仰中，佛教、道教是最主要的宗教，因此在各地城乡，多有寺观庙宇。寺观庙宇是民间百姓精神寄托的圣地，每逢宗教祭日，四方百姓都会到寺观庙宇里烧香祭拜。因此，一些戏班每逢宗教祭日，也会赶到这些地方，上演节目，招徕顾客。来庙宇烧香的香客们，多是一些目不识丁的百姓，自然他们对戏目的内容追求也是俗不可耐。在寺观庙宇前的广场上，一般都有舞台，就是为四方百姓娱乐准备的，因此晚清民间娱乐极度贫乏的城乡，观看戏剧就成了不多见的娱乐形式，所谓的"淫戏"也成为舞台上的戏目。

不论是在梨园，还是在迎神赛会、寺观庙宇集会，戏班所演的戏剧名目繁多，上演最多的、最吸引人的剧目主要有如下几种：

一是有关才子佳人、风流韵事的故事，主要有《西厢记》《玉簪记》《红楼梦》等。这几出戏，多是讲男女青年爱情故事的。这类戏，不能列为"淫戏"，但在余治看来这些戏的危害比"淫戏"还厉害，演员在舞台上眉来眼去、暗送秋波，不知让多少青少年神魂颠倒、春心荡漾。

一是《水浒传》。《水浒传》本是揭露宋末官场腐败、官逼民反，抨击统治者腐败的，在被搬到舞台后，梁山好汉一百单八将聚众结义一直被人们津津乐道。人们看《水浒传》，欣赏的不是大宋王朝是如何衰败的，而是宋江等人对抗朝廷的神勇事迹，这些情节也给了生活在社会底层的穷苦百姓指明了方向。"路见不平一声吼"的狭义行为，鼓舞人们勇于向不平的社会抗争，虽然百姓在大多数情况下不愿铤而走险，但也能满足人们的精神需求，至少是一种心灵的慰藉。故而每逢有《水浒传》戏演出，观者云集，观后群情激愤，这也是统治者和封建文人深以为虑的，害怕人们暗中效仿，因此官方往往禁止演出。

一是汉唐故事中那些挟天子自立的割据诸侯故事。在余治看来，这类戏虽然可以起到规劝天子的作用，但在乡间演出此类戏剧，非但无益反而有害。害在何处？主要有：君主的威严扫地，动辄以武力劫狱、杀戮官吏，更助长一些暴民目无法纪等。

一是元人杂剧中的大逆不道、奸臣逆子、打渔杀家等戏。

这几类戏目，都是当时民间戏班所演的主要内容，这些戏目和封建教化格格不入，腐蚀了民众思想，因此在余治看来，这些"淫戏"就如同洪水猛兽，是人心蛊毒、政治蟊贼，更是理想社会的荆棘、尊儒崇道的仇敌。他对当时社会上流行的"淫戏"深恶痛绝，到处呐喊，不时著文，抨击"淫戏"，力倡禁毁。

如何禁毁"淫戏"，余治提出了一系列的具体办法。

首先，他列出永远禁毁的"淫戏"名单，名单里有80部戏剧，如果在戏班有人公开点禁毁之戏，戏班敢公开演出，立即将班主押解官府治罪，或者罚钱三千文，以儆效尤。

其次，详举实例说明"淫戏"的危害。在《得一录》中，余治举实例说明"淫戏"的危害性。

有一例说的是乾隆朝扬州的一个卫姓商人，喜欢点"淫戏"。每到闲暇时就到戏班看戏，总喜欢点"淫戏"来满足自己的欲望。后来他的妻子、女儿不断闹出丑闻，在外面勾勾搭搭，卫某知道后非常生气，怒骂其妻女无耻，伤风败德，败坏门风。其妻女不以为耻，反而反唇相讥，笑着说："你平日那么喜欢点淫戏来取乐，我们只不过学学戏台上的做法罢了，你又生什么气来着？"卫姓商人气急败坏，得了重病，一命呜呼。卫姓商人死后，其妻女更加放肆，丑闻不断。

余治对此大加点评，说：这些都是前车之鉴啊。谁不想自己的妻女恪守妇道，保持名节；谁不想自己的后代走正路享受天年。"淫戏"害人不浅啊。

再次，禁演花鼓戏。在余治看来，民间最丑陋的习俗，就是花鼓"淫戏"。什么叫花鼓戏？江苏一带称滩簧，湖北一带称对对戏，宁波一带称串客班，江西一带称三脚班。滩簧是清代中期流行于江浙一带的戏曲剧种，兴起于乾隆年间，名为滩黄调，初为代言体的坐唱形式。道光以后，昆曲渐衰，滩簧继起，遂以坐唱形式移植《缀白裘》中收录的昆曲折子戏，每折分为四五个书段；滩黄沿用昆曲声腔，简繁相间，引吭高歌如大鼓，抑扬婉转似弹词，拖腔又类昆曲，是一种昆曲的通俗化唱法，称为前滩。另有以民歌小调演唱，以滑稽风趣的曲目见长，名为后滩。

正因为滩簧戏流行于民间，所以内容多是一些民间普通百姓喜闻乐见的故事。正因为它是流行于民间，必然在唱词方面增加一些百姓乐于倾听的内容，于是就出现了翻墙穿洞男女偷情的情节，语言也比较粗俗淫秽，极尽煽情。在余治看来，男女床笫之事本不应该在舞台上公开表演，男欢女爱也应有所限制，一旦这些事情以艺术的形式出现在舞台上，自然是万众齐观，淫声淫态，摄人心魄。这些淫秽剧情，对青少年危害更甚，想那些青少年，情窦初开，一旦沉迷其中，必然会做出有违伦理的事情来，为害不浅。

每当花鼓戏到乡村表演，演员在高台上表演，不仅乡村男人来看，不少妇女也来观看，习以为常。在过去，乡村娱乐本来就少，好不容易有戏班前来，自然是男女老少齐来观看。演员在台上表演得惟妙惟肖，把男女之间的幽会、调情之事刻画得入木三分，老百姓引颈观看，流连忘返，暗地里春心萌动，效仿者不在少数。最后的结果就是寡妇失节、少女丧贞，流毒不浅。难怪民间有这种说法：摊簧小戏演十出，十个寡妇九改节。对此，余治做过一个调查，他在一个乡镇看摊簧戏数日，两个月之内当地就有14个寡妇改嫁。而这14个寡妇，很多都是守节多年，更甚者有的已坚守贞节十几年，孩子已经长大成人，突然心神不宁，托媒婆再找婆家。如此状况引起余治的强烈不满，上书地方官员要求严禁。

最后，余治强烈要求禁演串客戏。

何为串客？就是在戏班参与演出的非专业演员。在晚清一些戏班，除了正规演员，还有一些串客，在正剧演出间隙表演一些煽情低俗的节目，以此烘托气氛。对于一些正规戏班来说，一般情况下不敢演"淫戏"，只要观众不点"淫戏"，正班演员万万不敢演"淫戏"。而串客就不一样了，他们表演的全是一些淫秽低俗的花鼓小戏，且这些演员都是一些游手好闲、不上进的人。他们从市场买来一本唱片，不断练习，到了戏台上，男扮女装，油腔滑调，极尽丑态，而且所说的话又是当地土语，也只有当地人能听懂，外地人听不明白。因为串客是在戏班正戏间隙表演的，所以一些妇女和少男少女，只要有戏班演戏，多会前往打听。打听到哪个戏班有串客，就会相互转告，约妯娌、约姐妹、带儿女、邀邻居，成群结队，你拉我扯，前去观看。白天看，晚上看，全然不知道疲倦。那些串客，见来了不少年轻女性，更是淫态百出，语言也更为下流，顿时让那些女人春心荡漾，欲火中烧，按耐不住。观看此戏的女人，往往会做出不可思议的事情来，"淫念一起，奸情百出"。有些妇女不是私会情人，就是和情人私奔。还有就是主人和女婢私通，丈夫勾引少女，寡妇招引光棍等丑恶现象。在余治看来，这些都是由于看串客戏所致。要想扭转社会风气，必须严厉禁止。

对于当时社会上盛行的"淫戏",余治深恶痛绝,他写了大量的文章揭露这些"淫戏"带来的社会危害,力倡严厉禁止。如《奉劝勿点淫戏单俗说》《京江诚意堂戒演淫戏说》《教化两大敌论》《禁止花鼓串客戏议》《劝禁演串客淫戏俚言》等,在他看来,"为国者第一要务"就是要"不可不鼓全力以除之者"。

毁"淫书"禁"淫戏",反映的是余治的劝善思想。在行善方面,余治针对社会弊端,提出成立保婴会、建立保婴局等慈善机构,禁止溺婴的恶俗,收养弃婴挽人心。

一、声讨溺婴恶习俗

唐宋以后,在江南地区最突出的一个社会问题就是溺婴问题。

何为溺婴?通俗一点讲就是在婴儿刚出生之时,家人就将新生婴儿弃在水盆中溺死,或者弃之河里、水塘里。一个鲜活的小生命,一个母亲怀胎十月才诞生的小婴儿,就这样被残忍地戕杀,何其残忍!

这一习俗确确实实存在,先是在福建一带,后延伸至江南很多省份,如江西、浙江、江苏等地。

早在战国时期,就有"产男则相贺,产女则杀之"[①]的现象,说明溺婴在很早就已经存在。在《汉书·禹贡传》中就有记载:"生子辄杀,甚可悲痛。"说明在汉元帝时百姓就有杀死婴儿的习俗。汉代为何要杀死婴儿?这与当时官方采取的经济政策有关。据载,自汉武帝起,男孩从3岁就要出口钱,15岁出算赋,百姓害怕这种人口税的负担,所以不得不溺杀婴儿以逃避税赋。

南宋时,徽州也有溺婴现象。据《淳熙新安志》

---

① 《韩非子·六反》,中华书局,2010年。

卷一《风俗》记载:"愚民嗜储积,至不欲多男,恐子益多,而赀分始少。"百姓怕分家时,儿子多分不到什么财物,因而不愿意多要男孩。

到了明清时期,溺婴现象更为普遍,尤其是清代,全国各地都有溺婴现象的存在。有研究者统计,清代至少有12个省份有溺婴习俗[1]。明清社会溺女之风盛行,几乎遍及整个中国。造成此现象的原因很多,但其中最重要的社会根源是男尊女卑、重男轻女的观念。此外,某些地方"奁资盛而溺女",即厚奁厚嫁之风盛行,导致家长考虑到日后所需的丰厚陪嫁品而产生溺女的想法。相对而言,溺婴现象南方比北方严重。"民间生女,或因抚养维艰,或因风俗浮靡,难以遣嫁,往往有淹毙事情,此风各省皆有,江西尤盛。"[2]溺女陋习的盛行,不仅导致男女比例失调,社会问题日益严重,而且使得人伦民德日渐偏离正常轨道,买婚卖婚风气盛行。

溺婴,溺得最多的是女婴。从先秦到清代,关于溺女婴的记载比比皆是,如《韩非子·六反》中载:父母对于出生的孩子,如果产男则相互庆贺,产女则溺死。到南北朝时,"世人多不举女",表明人们不愿意生养女婴,颜之推在《颜氏家训》中特地举出例子,说有个人养了好几个婢妾,每当她们将分娩时,派家奴守在产房门外,若生的是女孩儿,就拿出去溺死,产妇心疼,号哭不止,其悲惨之声令人不忍听闻,但并不能改变那个女婴溺亡的结局。

到晚清,江南一带溺婴问题更甚,在无锡一带,余治就看到了这样一幅景象:有些贫穷人家,生育的孩子较多,迫于生计,无法养活,孩子一生下来,就丢弃到水盆里淹死。这种习俗不知从何时开始,人们见怪不怪。尤其是女孩儿,一生下来就被淹毙,人们不但不为自己的残忍

---

[1] 常建华:《清代溺婴问题新探》,载《婚姻家庭与人口行为》,北京大学出版社,1999年。文章所说的12省,指江苏、安徽、浙江、江西、福建、广东、山西、河南、湖北、湖南、四川、广西。

[2] 《光绪朝东华录》"四年十一月"条,中华书局,1958年。

感到愧疚，还美其名曰这是给她找了一个好人家，说这是超度她，让她来世托生在一个好人家。如此残忍的习俗和手段，却又这般的借口，真是恬不知耻。

在江南一带，不仅仅存在淹毙女婴现象，在一些人家，淹毙男婴的现象也不同程度存在。不只是贫穷人家这么做，一些富有人家也这么做，而且相沿成习，谁家溺死婴儿，也不感到奇怪。余治曾看到有一户人家连续淹死了十几个女婴，甚至一个村子一年中淹死的女婴达到几十个之多。那么一个县大概不下数千个。这是在正常年景，尚有如此多的家庭溺死婴儿，如果发生灾荒，那溺死的婴儿就更多了，"一遇灾荒，在抱者尚思抛弃，何况初生。倘不稍为酌济，则无论女孩之淹溺者十有八九，即在男孩亦有十居四五者"①。

江南溺婴问题如此严重，过去一些人把这种丑陋现象归结于老百姓无知愚昧；还有人把它归结为那些女人不读书不明事理，表面温柔内心狠毒。然而这种现象仅存在于贫穷人家也还罢了，可是这种事情也存在于一些富贵人家、饱读诗书之家，这又该做何解释？像有户人家一连生了好几个女孩儿，怕再生女孩儿受到拖累，女孩儿长大后仅陪嫁妆就会把家里陪穷。还有一个蒙馆教员，应该是很有学养，生了两个儿子后，又生了两个女儿，两个女儿均被淹毙。由此看来，溺婴现象和家庭的经济水平、文化素养没有太大的关系，溺婴是很普遍的社会现象。

作为父母，何其残忍，看到呱呱坠地的婴儿，就忍心将其置于水盆中溺毙，难道就没有一丝的怜悯？余治在《得一录》中对时人溺婴场景做了凄惨的描述：婴儿刚一落地，清脆的啼哭声还没有停止，甚至父母连看一眼婴儿长得什么样也没有，就让人把初生的婴儿丢弃在水盆中。一个小生命被人扔在水盆中，开始还有几声啼哭，不一会儿就没有声音，只有光溜溜的小身体漂浮在水盆里。这种情景，说者哽咽，听者落泪。

---

① ［清］余治：《得一录》卷六。

溺婴通常做法是由接生婆将刚生下的女婴按在水盆中淹死，有的甚至是亲生父母亲自将女儿溺死。对于婴儿溺死惨状，清人刘绎描写道："嗟乎！人世溺女之妇，目睹呱呱赤子手挪足缩，狼藉血肉，顷刻之间宛转吞声，绝气于水盆之内。"①

由此，余治大发感慨：难道不是亲生父母？难道不是亲生骨肉？怎么会忍心做这样的事情？难道他们就是这般的歹毒和狠心？都不是，习惯成自然。每家都这样，也就见怪不怪了。

为什么在中国历史上会出现这样的残忍事情？为什么人们会把自己怀胎十月的小生命残忍淹毙？在余治看来，主要有如下几个方面的原因。

溺婴之所以盛行，主要是"贫者忧女难养，富者忧女难嫁，无子者忧育女则男迟，又或以女为无益，或以抚养辛苦，或托言恐其后日贻羞父母"②。这或许就是当事人溺婴的普遍心态。

"贫者忧女难养"。对于贫困人家来说，溺婴主要是考虑到家庭财力匮乏，无力养活那么多孩子。在封建时代，由于医疗条件限制，计划生育是不可能的，不论贫富，一旦怀孕，也只有苦熬十月等待生产。家境贫寒的人家，根本无力养活那么多孩子，但又无法控制生育，也只有等生下孩子将其溺毙这条路了。

余治在《得一录》中曾记载一事，说某村有一户展姓人家，家中有一个8岁儿子，谁知妻子又怀孕了，而丈夫外出打工。妇人生下孩子后，家里一粒粮食也没有，没有办法只好请邻居将其新生婴儿扔到河里，产妇后来也因家贫冻死家中。在那个时代，对于绝大多数家境贫寒的人家来说，无力抚养婴儿是溺婴的根本原因。这还是在平常时期，如果遇到灾荒年、战乱，溺婴现象就更普遍了。像晚清时期江南多地遭到水灾，田庐淹没，百姓救死扶伤自顾不暇，哪还有能力抚养新生儿？所以在此

---

① ［清］刘绎：《存吾春斋诗文抄》卷六，清同治二年印本。
② ［清］余治：《得一录》卷二。

年景之下，那些刚出生的新生儿，存活的概率很小，"凡有生育，往往淹毙，男孩亦所不免"。

"富者忧女难嫁"。中国古代把婚礼过程分为六个阶段，古称"六礼"，即纳采、问名、纳吉、纳征、请期、亲迎。其中"纳征"，即男家将聘礼送往女家，又称纳币、大聘、过大礼等。在结婚当天，女方也要送嫁妆，即发奁。女儿出嫁，首先要准备嫁妆。嫁妆由女方自备，其种类可分为铺陈、摆设、日用等物品，因世俗视嫁妆多寡而论新娘身份高低，故而一般人家不得不倾其所有，大事铺排，以争体面。由于嫁妆丰盛，民间有"生崽满堂红，生女一场空"之说。

关于近代江南地区嫁妆的情况，1924年6月，顾颉刚在《歌谣》周刊上介绍了光绪十五年（1889）苏州地区一场婚礼的"奁目"：铜、锡、瓷、牙、竹、木各式器具齐全，粗略统计，有箱子4个，面盆、脚炉、茶炊等铜器24件，汤盅、酒壶、茶瓶等锡器41件，茶碗、大盆、汤碗等瓷器135件，箱橱、妆台、浴桶等木器51件，丝箩、提篮等竹器6件，另有团圆镜等各式镜子、象牙筷等牙器及床上用品等多种。闻民间嫁女，无一不备。有用银数百两、数千两者，最少亦需百数十两。哪怕卖田借债，也必须凑办。由此可见，晚清时期江南地区陪嫁之风的盛况。

我们从有关史料可以看出，在晚清时期，江南一带民间男女结婚，男方聘礼多少，女方的嫁妆则以一倍陪嫁，男家以女方嫁妆的丰厚为荣，嫁妆少就会被人耻笑。甚至女方结婚后，婆家对待新媳妇，也会以妆奁之厚薄定为标准，嫁妆多受到优待，嫁妆少就会受到刁难。结婚以后，生了小孩儿，民间还有三日、七日、十四日、满月等各种名堂，女方家必须备礼物送至婿家，以多为贵。送的礼物少，就会受到女婿家的笑话。逢年过节，也是如此。女儿如果生子，未生以前就要送衣服、襁褓、食物等。生产以后，自洗浴剃头，到外甥周岁，均须节节备具衣饰致送，直至10岁而止。对于女方家来说，生个女儿简直就是一个赔钱的无底洞，花费不可胜计。正是因为社会盛行厚嫁之风,导致一般人家不敢养女儿,"溺女之风,起于吝财之弊"①。想一想一般人家温饱尚且困难,哪还有财力为女儿置备那么多嫁妆?唯一可做的就是少养或者不养女儿。

"无子者忧育女则男迟,又或以女为无益。"这是典型的重男轻女的传统观念在作怪。在传统社会,男子被赋予传宗接代、延续香火的家族责任,女子则被排除在外。

"俗贵男贱女,故溺女成风。""生男众所喜,生女众所丑。生男走四邻,生女各张口。男大守诗书,女大逐鸡狗。"在一般的家庭,父母多有偏爱之心,对于男孩儿百般疼爱,对于女孩儿则尤为嫌弃。而作为女人,结婚以后如果生了男孩儿,在家庭的地位确保无忧。如果没有生儿子,在家庭也就没有地位,根本抬不起头来,不仅丈夫嫌弃,家庭其他人也会嫌弃。在这种传统观念影响下,大多数妇女害怕生女儿,尤其是没有生儿子之前,担心生女儿会妨碍生儿子,又觉得生女儿无用,所以往往就不敢要女儿了。

余治在《得一录》中曾提到他的族弟余志宏,一连生了三个女孩儿,第四胎又生了一个女儿,把他的妻子气得半死,准备提起刚出生的女儿扔到浴堂淹死算了。其长女吓坏了,赶快告诉余治,余治急忙跑过去救下了这个女婴。谁知到了第二年,余志宏妻子又生了一个女儿,这下麻烦大了,死活不肯再养。为什么呢?因为在家庭里,"丈夫见生男则喜,见生女则当面有不悦之色,背后有太息之声,妇窥其意,无地自容,即不致病,亦再不敢养女"。

在清代,一家养两个女儿已经不多见,养三个女儿就被外人视为怪事。在这样的社会氛围下,育龄妇女要承受多大的压力呀!别的不说,就是乡邻间的闲言碎语就会把产妇淹没。

亲朋友邻对诞下女婴的冷嘲热讽,大户人家里的妻妾争宠,一些青

---

① [清]余治:《得一录》卷十六。

年男女的未婚先孕等，各种因素纵容着溺婴，尤其是溺女婴之风。

余治在《得一录》中花了大量篇幅揭露当时溺婴的种种弊端和恶俗，目的自然是为了呼唤人们正视这种丑陋现象，也为他倡导成立保婴会、建立育婴局等慈善机构做舆论上的准备，为重树伦理道德、构建道德秩序打下基础。

二、呐喊力倡保婴会

面对江南一带流行既久的溺婴现象，摆在余治面前的头等大事就是如何保全这些新生婴儿的性命，进而杜绝这一丑恶的社会现象。余治作为一个职业慈善家，他把重点放在道德劝化和成立相关的保婴机构上，通过自身的努力，尽自己最大的力量来挽救生命，遏制溺婴、弃婴的社会恶俗。

对于长久以来存在的溺婴、弃婴恶俗，历朝历代都非常重视，清代统治者也不例外，成立相应的机构来收养那些被父母抛弃的婴儿。诸如育婴堂、留婴堂、接婴堂等机构均属此类慈善机构，当然这些机构也是官办的慈善机构。

我们在前面提到，溺婴、弃婴现象由来已久，听任新生儿被溺毙或者遗弃，与封建社会倡导的伦理道德不容，于是官方除了劝化，再就是设立相应的机构收留那些弃婴。这类慈善机构最早是宋代的慈幼局。当时南宋朝廷曾下令在各地设立慈幼局，专门收养那些被遗弃的幼儿，或者收养那些因家庭贫困无力养育的孩子。官府专门拨出一定的土地作为慈幼局运行的资金，贫穷人家无力抚养孩子，可以将孩子抱到慈幼局，交慈幼局雇用的乳母养育，对于被遗弃的幼儿，鼓励人们将弃儿送到慈幼局。

到了清朝，面对社会上出现的越来越多的弃儿和溺婴问题，清廷专门成立育婴堂作为官办慈善机构，收留弃婴。清入关以后，以儒家文化的继承者自居，对于大江南北普遍存在的溺婴现象严厉禁绝。在官方看来，正如《周礼·地官·大司徒》中提出的"以保息六养万民，一曰慈幼，二曰养老，三曰振穷，四曰恤贫，五曰宽疾，六曰安富"，慈幼是被列在第一位的善行德政。康熙元年（1662），京城成立第一家育婴堂，之后朝廷下令将地方官设置育婴堂的多寡作为考核官员政绩的一项指标，并规定官员捐款达到一定的数额，可以得到奖励。于是各地纷纷设立育婴堂。

初期育婴堂的设立具有民间性质，虽由政府倡议，但育婴堂资金的运营主要靠民间捐款，先由地方官员带头捐款，后吁请地方富户乡绅捐助，在此风气的带动下，民众捐资也非常踊跃。送入育婴堂的婴儿，由育婴堂负责赡养，长大后，或由其父母领回去，或由社会人士领养。

育婴堂

育婴堂分为堂养、寄养、自养三种形式。堂养是将婴儿留在育婴堂里抚养；寄养是由育婴堂聘请的专职乳母把孩子带回家里养育，并定期送回检查；自养则是由婴儿的母亲领取抚养费，然后自行哺乳。

除了在育婴堂抚养弃婴，对于江南一带盛行的溺女婴行为，清廷也采取一些办法进行打击，同时对生养女婴的家庭进行补助。如穷人家生了女儿，又无力抚养，可向官府申告，官府将募捐的银两拨给穷人家，作为母乳的费用。政府定期派人巡查，看女婴是否还活着。如果有人领取了补助，又将女婴溺死，将会受到严厉的处罚。那些原本想溺死女儿的人家，和女儿相处的时间一长，感情也就亲密起来，再想溺死女儿也下不去手。这在一定程度上遏制了溺婴的恶俗。

一所规范的育婴堂，组织机构是很严密的，通常有一个司总、一个司年、一个司月、一个司堂、两个司察、四个值堂灶、一个稽察乳妪、一个接婴乳妇、若干名内育乳妇和若干名领育乳妇。司总负责统筹育婴堂各项事务，司年掌管一年收支，司月掌管每月收支，司堂料理日常收支，司察对领育乳妇进行监管，值堂灶负责做饭和打扫卫生，稽察乳妪对内育乳妇进行监管，接婴乳妇负责接管晚上送来的弃婴，内育乳妇负责婴儿哺乳，领育乳妇也负责婴儿哺乳，只是不在育婴堂上班。

这样一套组织机构严密的慈善机构，如果运作好的话，是不会出现问题的。但任何事情都有例外，尤其是一项制度经过长时间的运行，一些弊端就会暴露出来。随着时间推移，尤其是进入晚清，时局动荡，执政腐败，加之缺乏有效的监管机制，育婴堂出现了腐败问题。一些主管育婴堂的管理者攫取私利，他们通过虚报乳母数量、虚报婴儿数量，以及做假账等手段，大肆侵吞善款。由育婴堂招募来的乳母，不仅缺乏责任心，而且还唯利是图，她们克扣婴儿的衣食，用于抚养自家的孩子，大量的弃婴因为照顾不周、营养不良而夭折。清人欧阳兆熊所撰《水窗春呓》记载："吾邑育婴堂，向雇乳媪百余人，经费既已不赀，而乳媪皆有子女，仍乳其所生者，而私以饭汁饲所养婴儿。予见其面黄肌瘦，声嘶啼哭不止，不久即当就毙。"育婴堂作为一个社会公益机构，本以慈爱救难为宗旨，但在清末腐败不堪的社会肌体下，也成了一面折射罪恶与道德沦丧的镜子。

余治发现了育婴堂的问题所在。在余治看来，虽然从嘉庆年间开始，江南许多大城市普遍设立了育婴堂，各乡镇也出现了与育婴堂类似的留婴堂、接婴堂，这些小的机构收留附近的弃婴，然后再将这些弃婴送到各州县育婴堂收养。但各州县的育婴堂多建在城内，偏僻乡村的穷人家很难及时将婴儿送到育婴堂，此其一。初生的婴儿体弱，如果长途跋涉将其送到育婴堂，途中很容易受到外界影响，甚至生病夭折，很难保全，此其二。

余治根据当时育婴堂存在的弊端，参照苏东坡、彭南昀救济婴儿的办法，对当时的育婴堂进行了某些改进。

余治最初的想法是，采用资助钱米的办法，让那些准备溺婴、弃婴的家庭自己养活，这和育婴堂不同。育婴堂是将婴儿抱到育婴堂集中养活，而余治的办法是提供钱米，由婴儿的父母自己养，并给这个组织取名为"保婴会"。保婴会规定：

> 凡乡里有生育男女，果系极贫而不能留养者，局中例给钱米半年，令其暂养。如万不能养，再为设法安置。或代送婴堂，全其性命。①

道光二十三年（1843），余治在家乡无锡青城乡创设了保婴会。创设保婴会的初衷当然是余治看到家乡溺婴的恶俗，诚如他在《保婴会记事》中所说的："缘吾乡溺女成风，效尤日甚，甚至男孩亦溺。且甚至有力者亦溺，不特贫户也。"为了成立这样的善会组织，他四处奔波，联络当地的慈善家和富户，共同协商，并定下规矩：如发现有贫困户想

---

① ［清］余治：《得一录》卷二。

溺毙婴儿，就向他们广泛宣传，劝他们不要再溺死婴儿，并向他们保证，待生下孩子后，向保婴会禀告，每月资助大米一斗、钱二百文，连续资助5个月。5个月之后，如果还养活不起，再送育婴堂。加入保婴会需缴纳善款，以360文钱为一份，每人最少一份，多者不限，可以缴纳十份、百份，各人根据自己的实力来定。

余治创设的保婴会，弥补了育婴堂的不足，收到良好的效果，尤其在救济婴儿方面效果明显。"自二十三年四月起，至今十余年，每年因助而留者，多则百余名，少则六七十名。此外又有因捐而留养者。"不仅如此，保婴会的设立，对于扭转当地盛行多年的溺婴恶俗也起到了一定的作用，"立局举行，数年来全活颇多，二十里内溺女之风亦渐稀少"[①]。

为了说明入捐保婴会、保婴会助贫的效果，余治特别选用生动的例子来广泛宣传感化众人。

其中一例，是私塾教员顾三宝。

顾三宝，是当地私塾的一名教员，性格古怪，养育有两个儿子，后连续生了两个女儿均被淹死。他自认为家境贫寒，养女会拖累自己。余治成立保婴会之后，经常以溺婴因果报应来劝导他，顾三宝心动，为余治的热情所感动，愿意每天拿出一文钱加入保婴会，以赎自己过去溺死女儿的罪孽。又过了一年，顾三宝对余治说："我家一文钱也不能再出了。"余治问为何，他笑着说："今年我又生了一个女儿，因为加入了保婴会，不能再溺死女儿，只好勉强养着，所以实在无力再捐钱了。"余治笑着说："悉听尊便。我家也很困难，还想向保婴会申请资助，要不然我把我家的申请款转给你，如何？"顾三宝笑着说："我还不至于如此吧，只不过日后又多了一个累赘。"

这个例子生动表明了保婴会的重要性，劝人参加保婴会，不仅能得

---

① ［清］余治：《得一录》卷二。

到更多的捐助，而且还让入会者自觉保全自家婴儿的性命，也为社会带了一个好头，同时对于遏制溺婴的恶俗也有示范作用。

保婴会作为一种慈善机构，为了保证能健康、安稳地运转下去，必须要有一系列的规章制度，为此余治等人商议制定了《保婴会规条》。主要内容有：

1. 保婴会建立之初，没有固定的场所，可选寺庙、乡公所作为办公之所。推举老成持重的人作为管理人员。

2. 捐助的办法。入会之人所捐助的银两有整有零，悉听尊便，可以捐厘金，也可以捐土地。各地应该因地制宜，或一个家族商议捐多少，或一个村一个乡商议捐多少，目的只有一个，大家齐心协力，以挽救更多的生命为根本。

3. 一地有人家生了儿女，如果确系太贫困无法养活，必须有邻居作保，到保婴会申请。保婴会派人核实，查验无误后，每个月资助大米一斗、钱二百文，以五个月为限。五个月之后，还不能养活，设法送到官办育婴堂。

4. 保婴会设立册簿，记录新生儿的手印、出生年月日、姓名、家庭住址。保婴会派人核验，无误后，发给凭证，两个月后家人将婴儿抱到保婴会核查，或者保婴会派人到其家核验。倘有死亡，马上注销，如果隐瞒不报，保人需担责。

5. 对于那些非常贫穷的人家，尤其是遗腹子，事关家庭传承的大事，不能懈怠，确实无依无靠的，应该给予更多的资助，可以资助三年或四年。

6. 对于新生儿母亲病故者，婴儿无人哺乳，很难成活，保婴会查实无误后，每月增加五百文钱，听凭雇乳母养活，可以连续资助三年。

7. 保婴会资助婴儿应该有地域范围，不是谁来都可以资助。应以十里为界，太远不便于核查，而且经费也有限。

8. 新生儿名单报到保婴局，冬天免费给棉袄、棉袍各一件，春秋免费给夹袄一件。

……

在余治看来，天下事没有比人命更重要的，行善没有比救人命更重要的。所以他逢人就劝，随处倡设保婴会，能救一人就救一人，能多设一个保婴会，就会救更多人的性命。

为了推广保婴会，余治奔波各地，劝说各地官府设保婴会。道光二十七年（1847）江苏巡抚下令江苏、安徽辖境各州县按照余治的《保婴会章程》照办。浙江巡抚也要求在浙江、福建境内推广成立保婴会。道光二十九年（1849），余治呈请江苏巡抚陆建瀛，通饬全省照办。余治还亲自前往长兴县，积极推广保婴局的工作。在余治的积极推动下，江南很多地方陆续出现了保婴会。

余治推广保婴会，不仅仅局限于家乡一带，在他后期劝善、行善生涯中，上海是最重要的活动据点之一。在太平天国运动后期，江南一带尤其是长江中下游成为清军和太平军交战的主战场，战争的结果就是大量百姓为躲避战乱纷纷拥入上海，难民数量最高时达到几十万人。太平天国运动失败后，仍有大量难民留在上海。

对于慈善家来说，哪里有灾民，哪里有难民，哪里就有他们的身影。慈善家的天职就是救济灾民、救济难民，所以当太平天国起义军占领南京后，江南大地成为主战场，大量难民拥入上海，余治作为职业慈善家也随着难民来到了上海，随之他的慈善活动的重心也移到上海。在上海，他凭借在家乡慈善的成功经验和名声，很快聚集了一大批慈善家，积极投身到救济难民的活动中来。从1862年到1868年，在上海他参与了保息局、抚教局、普育堂等慈善机构的工作，这些机构都不同程度包含有保婴的内容。同治十三年（1874），在余治的大力推动下，上海成立了保婴局，该局由"无锡县人余治偕邑绅张韦承、沈嵩龄等，禀官创设"。

此外，余治还在江苏丹阳等地创设保婴局，据《重修丹阳县志》记载：

"保婴局，同治十三年，候补巡道余治等募捐二百千文，呈请在北乡新桥镇永远桥关帝庙东，首建房屋三间，为给发婴孩乳食之所。"

在余治的大力推动下，保婴会在数年之间扩散于江南很多地区，成为民间劝善、行善的重要机构，也对近代江南一带育婴事业的发展起到了极大的促进作用。

三、力促慈善兴机构

在余治的慈善生涯中，保婴局是他慈善活动的一项重要内容。除此之外，余治在江南一带联络其他慈善家兴办了一些其他慈善机构，如恤产保婴会、保息局、恤孤局、普育堂、安怀局、扶颠局、抚教局等，从最初的保婴扩大到其他群体，余治慈善内容更加丰富。

恤产保婴会。在创设保婴会救助新生婴儿的同时，余治也开始关注另一个需要救助的弱势群体，就是贫家产妇。道光二十八年（1848），江阴县遭到潮水侵袭，江水漫过堤岸，大片良田、村庄被淹，百姓死伤无数，很多家庭流离失所，沦落街头。最要命的是那些怀有身孕的妇女，在临盆时，因无力养育，往往将新生婴儿淹毙。针对这种情况，余治将保婴和赈灾结合起来，在当地倡导成立"恤产保婴会"，其具体做法是：遇到贫困人家产子，参照保婴会的做法，提供棉衣、棉裤各一件，大米五升，钱二百文。到第二个月，给钱三百文。以四个月为限，总计提供钱一千四百文。有了这一千四百文钱，可以解决贫家基本生活问题，这样做的结果就是贫民因有恤产保婴会提供资助而乐于养育婴儿，婴儿因此更容易得到保全。对于产妇来说，因得到资助，免除了生活困顿，可以安心调养，使身体尽快康复。这样从经济上解除了贫家产妇的后顾之忧，不仅保全了婴儿的性命，而且也保全了产妇的性命，一举多得。

普育堂。是专门收养流落街头、无依无靠的孤儿的官办慈善机构。

与上海普育堂部分职能相同的镇江育婴堂旧址今貌

晚清时期,随着清军与太平军在长江下游一带的鏖战,苏南、浙北一带大量的百姓迫于战乱,拥入上海。这些难民拥入上海后,生计成为重要问题。尤其是一些难民在生育婴儿后无力抚养,被迫弃之社会;一些难民因疾病或者其他原因死亡后,孩子成为孤儿,这些弃儿和孤儿漂泊在社会上,生存就成为大问题,饥饿、疾病、死亡成为威胁这些孩子生存的大问题。一些官员和慈善家纷纷伸出援手,赈济这些孤儿和弃儿。同治六年(1867),余治受时任上海道台应宝时的要求,到上海开展慈善活动,在上海城西设立普育堂,主要收养那些流落街头的幼童和无依无靠的体弱多病的老人。普育堂是官办的慈善机构,由上海道负责从库银中拨款,委托余治等士绅管理。普育堂内,分为老男所、女妇所、男残废所、女残废所、养病所、抚教所、贴婴所等,并设书塾及医药两局。

扶颠局。同治年间,太平天国运动结束后,余治在上海联络各慈善家并秉承官府设立的机构专门收留和救助流落在上海的人。这些人要么是寻亲不遇,回去没有盘缠,陷入生活困顿;要么是缺乏他人引荐,做工又无人聘用;要么是做生意缺少本钱,借钱无门。这几类人困居上海,生活凄凉，迫于无奈想沿街乞讨，顾及脸面不敢上街。这些人生活面临困境，需要救助。余治为此制定了《扶颠局章程》，号召各级官府和慈善家关心、救助这些生活困顿的人。

在余治看来，要救济这些人需要人们群策群力，献出爱心，踊跃捐款，兴办各种实业帮助这些人，主要有：在各地成立双惜会，号召人们捐善款，收留那些流落街头的人从事惜字、惜谷活动，每天付给他们一定的报酬，一两个月就可以挣得回家的路费。让他们既解决了生计问题，又解决了回家路费不足的问题，还不至于沦为乞丐。建立扶颠局帮助向小作坊主推荐工人，让这些流落之人既能做工度日，又可以挣得一笔小费。开办一些小作坊，如做蒲鞋、做纸锭、打缏、绞绳、收买乱砖、收买草药料、耕种牧牛等类，让这些人有钱赚，有饭吃；如打扫街道垃圾、修补道路缺陷、剪除碍道荆棘、掩埋荒野暴尸、添设古庙灵签司香火、兴修渡船等，采取以工代赈的形式，解决这些人的生计。余治创设的扶颠局，是城市慈善事业的一部分，后被各地广泛采用。

抚教局。同治五年（1866），余治在上海倡导设立的针对流落街头的难民儿童的慈善机构。太平天国战争使得江南一带大批难民拥入上海，其中有大批的难民儿童。这些乞食难童，大多是异乡儿童，流落上海难以归乡，大多是父母均亡的孤儿，无依无靠，常年流落在街头，因疾病、饥饿死亡的不计其数。如果听之任之，这些孩子必然难活，即便侥幸活下来，也习惯于乞讨生活，性情顽劣，日益放纵，偷鸡摸狗，如同强盗。开办抚教局，收养16岁以下的流浪孩子，给他们提供一定的衣食、住宿，给他们治病等，再请一些熟练工匠，教给他们一定的技艺，让他们掌握一技之长，让他们以后能自食其力。为此，余治亲自制定《抚教局章程》，规定各种条规，便于人们操作。

余治除亲自参与慈善救济之外，作为封建文人，他不同于一般的官绅慈善家捐款兴慈善，而是根据自身的特点，充分利用笔墨书写慈善的新篇章。在中国慈善事业史上，余治著书立说兴慈善，为后人留下了丰富的慈善史料。

一、手著《水淹铁泪图》

吴昌硕在其诗作《登楼》中云：

　　海内奇荒悲铁泪，吴中淫雨病春花。

　　山民何处为生计，已过清明未采茶。①

诗中的"奇荒"，指的是清末光绪初年的"丁戊奇荒"；"铁泪"指的是民间救灾中出现的劝赈木版画"铁泪图"。晚清各地灾荒年景出现的"铁泪图"，就是用木版画的形式刻画各地灾情以及灾民生活窘困的情形。"铁泪图"其实是古代"流民图"的另一种形式，源于古代图谏灾情画"流民图"的传统。

"流民图"最早是指宋代郑侠描绘灾民惨状的图画，这些图画因画的是灾民在灾情面前的惨状，是一种以劝谏的形式反映民间疾苦的折子，故而被称为"流民图"。

熙宁六年（1073）至翌年三月，光州蝗害不断，天无滴雨，路上尽是饿殍，饥民流离失所，纷纷流入京城。见此情景，身为光州司法参军的郑侠忧心

---

① ［清］吴昌硕：《缶庐诗》，光绪十九年刻本。

忡忡，慨然画了一幅《流民图》，并写成《论新法进流民图疏》，批评王安石新法带来的弊端，请求停止新法，但中书省畏惧宰相王安石的威权，拒绝向宋神宗上报。随后，郑侠又冒着欺君的罪名，把《流民图》假冒成边关急报交给银台司，直接呈献给神宗皇帝。神宗展视《流民图》后，长吁短叹，夜不能寐，第二天临朝时下了"责躬诏"，立即罢去方田、保甲、青苗诸法。郑侠因《流民图》名动朝野，后人常以"郑侠图""郑图"代称之。对于郑侠的《流民图》，后人多有诗作称之，如清人杨中讷《高邮道中书事》诗中有："空怀忧国长沙泪，难绘流民郑侠图。"又如清人陈学泗《纪事》诗云："中丞欲请敖仓粟，司谏先陈郑侠图。"

此后，"流民图"成了为灾民请愿的图谏灾情画的总称，受到后人的膜拜，明清时就有很多人曾上"流民图"请求朝廷赈灾，最著名的就是明代给事中杨东明的反映灾情和流民惨境的版画《饥民图说》，内有水淹禾稼、河冲房屋、饥民逃荒、夫奔妻追、卖儿活命、弃子逃生、人食草木、全家溢死、刮食人肉、饿殍满路、杀二岁女、盗贼夜火、子丐母溺、东明叩首等14幅图画。

到了晚清，面对因水灾、旱灾等自然灾害暴虐的贫苦百姓，余治在借鉴"流民图"形式的基础上，创设了另一种反映灾民惨境的图画——"铁泪图"。"铁泪图"不同于"流民图"，它不是为劝谏皇帝赈济灾民而刻画，而是为了发动民间的力量开展义赈的一种形式，诚如当时的《申报》所言："盖郑图仅需神宗知之，而此图必须众人知之，故此图之妙更有甚于郑图也。"

余治所创设的"铁泪图"，以面向民间各阶层募捐为目的，所以在内容上多以道德教化和福报信仰为依据，意在感化各阶层以达到劝赈的目的。

道光二十九年（1849），江南发大水，苏州、常州一带圩田被淹，房屋被冲，百姓流离失所，溺毙者甚众。余治的家乡浮舟村也遭到大水，幸好浮舟村地势较高，即便如此很多人家也进水数尺，余治一家全靠农具才得以保全性命。当时的情形真是"哀鸿遍野，呼号日闻"，惨不忍睹。面对乡民因水灾而遭受的惨境，余治心如刀绞，夜以继日画了《水淹铁泪图》24幅，这24幅图全是描绘这次江南大水灾民生活惨境。图画内容凄凉悲惨，让人不忍卒读，翻阅一张，就会潸然泪下，怜悯心顿起。余治并不是让人了解各地的灾情以及灾民的惨状，而是想通过"铁泪图"唤起人们的怜悯心，自觉加入赈灾的行列。为了劝那些有钱人家出钱出力赈济灾民，他每天都要写上数十封信，分送给远近的富裕人家，祈求富裕人家捐款救灾。每发一封信，他都会在神像前祷告，希望信中的期许不会落空。

为什么余治要用"铁泪图"劝人救灾？那是因为在余治看来，虽然大灾来临，上上下下都发布文告希望人们有钱出钱、有力出力，尽可能多地捐物资帮助灾民，但这些文告也只有识字通文的人才能明白，一般百姓并不明白官府的迫切心情。而"铁泪图"一经绘出，情形就大不一样，即便是野老村夫、妇女儿童，虽然大字不识一个，但图能看懂，看到这些灾民如此凄惨，没有不被感动的，因此捐款也就很踊跃。这就是"铁泪图"的真实含义，即便是铁石心肠的人看了，也会被图画感动落泪，这对于人们积极捐赠大有好处。

所以"铁泪图"就成为晚清时期灾年募赈的方式，成为一种新的善书形式。余治是开启这种善书的首倡者和肇始者，其开创之功不可磨灭。

二、再著《江南铁泪图》

清朝统治后期遭遇了前所未有的内外交困的局面。对外，第一次鸦片战争惨败，签订了屈辱的不平等条约——《南京条约》；对内，阶级矛盾空前激化，大规模的农民起义已有燎原之势。可是偏偏在这个时候，大自然也来凑热闹，江南大水，波及地域较广，百姓流离失所，痛苦不堪。面对如此情形，道光皇帝无力回天，撒手西归。

继任者咸丰皇帝还没有坐稳龙椅，在这一年年末，广西就爆发了影响中国近代历史进程的大规模农民起义——太平天国运动。太平天国运动来得太迅猛，两三年时间太平天国的将士们就横扫了长江以南地区，兵锋直逼南京。1853年3月，太平军攻占南京，并在此建立政权，与清廷兵锋相持。

从1851年到1864年的10多年时间里，太平军西征、北讨和东进，战火燃遍了大半个中国。尤其是江南地区成为清军和太平军的主战场。自古以来，不论何种战争，遭受战争最重的都是生活在社会底层的贫民百姓，战争打破了乡村宁静的生活，百姓也被无情地卷入战争中。家园被毁，粮食被抢，甚至生命也不能得以保全。大量的百姓拖家带口加入逃难的队伍，疾病、饥饿成为难民的最大难题。战争狂飙所及，庐舍为

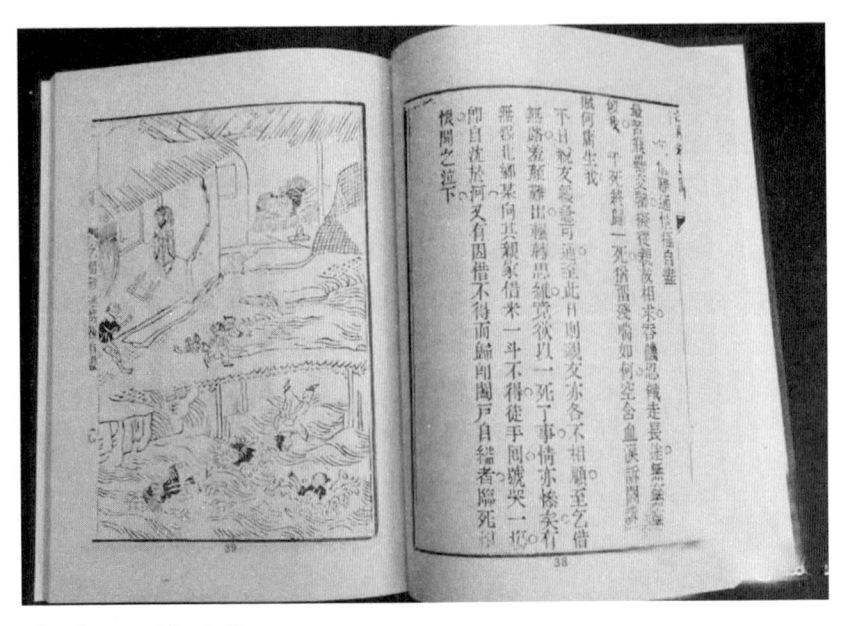

《江南铁泪图》书影

100

墟，遍地瓦砾。江南地处风暴的中心，"被难情形较他省尤甚，凡不忍见、不忍闻之事，怵心刿目，罄竹难书，所谓铁人见之，亦当堕泪也"[①]！太平天国运动并没有建立起真正的"人间天堂"，但它掀起的海潮在退去之后，留下来的却是一种难以复原的历史变动。

据统计，1851年，也就是太平天国运动刚开始的时候，江苏人口约为4430万，至1874年，锐减至不足2000万。曾经人满为患的苏南地区成了人烟寥落之区，曾经令人羡慕的富庶繁华成了昨日的记忆，代之的是一派"愁惨气氛"。英国人吟唎的《太平天国革命亲历记》中引用了当时《中国之友报》副主笔在苏州陷落后由上海前往苏州考察时所写的游记，在他所写的《苏州旅行记》里描述了当时江南一带的惨景：

> 我们离开上海后，沿途经过了低洼的平原，其间河道纵横。这片中国最富饶的土地，一直伸展到天边，我们的视线除了时或为不可胜数的坟墓、牌坊和成堆的废墟所阻外，可以一直望到天边的尽头。荒芜的乡间，天气虽然优美，但显得沉郁幽闷。举目四望，不见人影。这片无垠的田野，原为中国的美丽花园，今已荒废不堪，这种景象更加重了周围的愁惨气氛，好像冬天要永远留在这里似的。[②]

这段近乎白描的写实文字真实揭示了内战过后苏南地区的死寂景象！

当战争的硝烟退去后，一切都需要恢复，荒芜的土地需要开垦，残破的家园需要修建，流落在外的百姓急迫要返回家园，百姓最需要的是过上安居乐业的生活。但是经过十数年的破坏，重建谈何容易？家园的重建，除了政府运用国家机器救赈，民间的力量也是不容忽视的，但发动民间力量参与救赈，就需要有人出面主持，振臂呐喊，而此人也必须

---

① [清]寄云山人：《江南铁泪图》，台湾学生书局，1969年。

② [英]吟唎：《太平天国革命亲历记》，上海人民出版社，1997年。

是在慈善界有影响的人物。就当时而言，能担当此任者首推余治。

将慈善作为一生职业追求的余治，面对战后江南地区的残破情景，心如刀绞，为了百姓，为了家园，他义不容辞，担起重建江南地区的善后工作。为此，他带领一批志同道合者，不辞辛劳，渡过长江，亲赴江北地区，到遭受战争破坏较轻的地区发动群众，慷慨解囊，支持江南重建。为了向江北百姓描述江南地区的惨状，他再次绘制了42幅图，这就是影响深远的《江南铁泪图》。在这42幅图中，第1幅至第32幅图绘的是战争给江南地区造成的惨状，他希望通过图画文字，唤起民众的同情之心，积极捐赈百姓；第33幅至第42幅图，主题讲述的是战后重建需要解决的问题。

我们看一下《江南铁泪图》的42幅图主题，就可以明晰余治作此善书的初衷。

1. 逆焰鸱张，生民涂炭　　2. 群儿淫掠，玉石俱焚
3. 吊打逼银，穷搜地窖　　4. 掳人入伙，密布天落
5. 遍地尸骸，猪拖狗食　　6. 现前地狱，剖腹抽肠
7. 四野流离，转填沟壑　　8. 江头争渡，灭没洪涛
9. 白头父母，哭望儿孙　　10. 黄口孤儿，哀寻爹妈
11. 义民杀贼，奋勇拼身　　12. 烈女完贞，甘心碎首

木刻《江南铁泪图》书影

13. 华屋良田，鞠为茂草　　14. 图书古玩，尽委泥沙
15. 逼勒贡献，丑类诛求　　16. 假托盘查，团丁截杀
17. 耕织乏具，坐困无聊　　18. 乞借难通，情积自尽
19. 卖男鬻女，临别牵衣　　20. 柽腹临盆，产婴弃水
21. 负母逃生，孝子避地　　22. 携孤觅食，节妇呼天
23. 寺庙焚烧，神像毁坏　　24. 草根挑尽，树皮劚光
25. 雪夜冰天，死亡枕藉　　26. 冲风冒雪，泥水淋漓
27. 鹄而鸠形，迎风倒毙　　28. 鸡栖猥缩，墙角哀吟
29. 剜肉补疮，破屋拆卖　　30. 罗雀掘鼠，人肉争售
31. 蔓草荒烟，虎狼日逼　　32. 愁云泣雨，神鬼夜号
33. 恩诏频颁，万民感泣　　34. 宪仁抚恤，行路涕零
35. 水火出离，重见天日　　36. 胁从遣散，各返家乡
37. 牛种有修，惠及耕夫　　38. 机杼代谋，欢腾织妇
39. 创巨痛深，前车共凛　　40. 恐惧修省，劫海同超
41. 乡约重兴，宏宣教化　　42. 乐章再正，共庆升平

试看《江南铁泪图》第29幅图"剜肉补疮，破屋拆卖"，绘数人趴在屋顶拆卸瓦片屋椽，数人捧着木棒沿街叫卖。其词曰：

> 仰屋空嗟穷饿，阮囊苦乏分文。终朝柽腹惨难禁，当卖可怜净尽。幸有敝庐无恙，拆来且度朝昏，误他燕子旧巢寻，为道主人重命。

注文云：

> 大兵克复后，逃散难民复归故里，萧然四壁，无以为生。往往将破屋拆卖，聊以斗升以延残喘。祖宗痛恨于九泉，妻子啼号而露处，不及顾也忆。

《达观道人闲游记》中，达观道人所见第2幅图即是：

> 房屋十余间，上出绝卖之帖，皆无人顾问。至万不得已，

103

将砖瓦拆卖,一间房屋,只卖得八九百文,所有木料,皆劈碎为薪。负向街头唤卖,以度时日。贫者尚深妒之并有诗曰:画栋雕梁本祖传,可怜有产命难全;劈成薪木沿途卖,不要安居只要钱。

再如《江南铁泪图》第24幅图为"草根挑尽,树皮劙光",有词曰:

怪底荒凉一片,四乡烟火多稀。野无青草树无皮,残喘苟延幸矣。大地已成焦土,此间何处生机?赈钱给米望云霓,淌有仁人群起。

注文云:

难民无所得食,往往掘草根剥树皮略充一饱。而地荒力尽,周济无人。欲求一糠糊而不可得。逢严寒酷暑,光景尤不堪设想,如力不能煮米粥以济人,即糠糊粥、豆渣饼亦可。力不能制棉衣恤寒,即草衣蒲包亦可。得救一人,且救一人。幸勿以善门难开,错过积德机会也。

相似情状在其他图中也表现得淋漓尽致,催人泪下,募捐效果空前。余治开创的以绘图方式募资助赈,在以后的多次赈灾中得到传承和推广。

三、汇编善书《得一录》

在余治编撰的善书中,《得一录》是不能不提的,这本书对后世的影响以及慈善书籍的传播都起到了相当大的作用。

自古以来,只要有灾害就会有赈灾,不论是官方主导的赈灾还是民间自发的赈灾,历朝历代都积累了不少的经验和教训,如果把这些资料整理成册,可以为全社会的劝善、行善活动积累丰富的经验基础,人们可以信手拈来,活学活用。

到了晚清,历史上积累下来的劝善、行善经验亟须整理推广,加之庞大的慈善群体的出现和职业慈善家队伍的形成，汇编善书的条件已经形成。

道光二十九年（1849），余治在进行慈善活动的同时，开始编辑历代善举章程，最终汇编而成《得一录》一书。可惜在刊刻过程中，书版刊刻不到一半，就遭到火灾，刻版俱毁，加之余治忙于各地慈善，刊刻《得一录》一事只得暂时停止。

同治六年（1867），余治的慈善活动重心转移到上海，这才有机会和条件重新刊刻《得一录》。为了保证内容质量，余治重新对内容进行增补，在朋友吴宗瑛和广东商人蔡桂培等人的帮助下，终于大功告成。同治八年（1869），《得一录》正式出版，全书共分16卷。

关于《得一录》的书名，余治在《得一录》跋中说："盖取得一善，则拳拳服膺之意，将以资观感、利推行也。"也就是说，之所以取名叫《得一录》，是取自《中庸》"得一善则拳拳服膺"之句，大意是说得一善事就要小心翼翼坚守而不失善道，余治的本意就是希望人人都能够奉持善道，珍惜每一个从事善举的机会。当然余治编写此书还有一个目的，就是此书有助于人们实践，便于按照书中的要求在现实社会中推行。诚如余治所言："是编所集，事事可以仿行，溥为实惠，固非空言无补所可同日语者。人之欲善谁不如我，况经大劫，善念易滋，特人情无所触，则激发无由得。是编而广布之，知必有观感、兴起推行尽利者。"[①]

综观此书，内容大致可以分为两大类：一是救济，一是教化。前八卷重点收录历代救济方面的章程、条规，后八卷主要是与教化有关的内容。一如余治所言："凡亲亲、仁民、爱物，以及养生送死、兴利除弊、移风易俗，诸善举各已粗备，均系古今良法美意，可师、可法，久著成效者。昔夫子有云：我欲载诸空言，不如见之行事之深切著明也。"也就是说只要是古今各善举可学习、可效法的，都是余治要辑录的。

---

① ［清］余治：《得一录》跋。

为了便于我们了解余治的慈善救济思想,现将《得一录》的有关目录载录如下:

卷一　范氏义庄章程、同善会章程

卷二　保婴会规条

卷三　育婴堂章程、恤嫠会条规、清节堂章程、儒寡会章程、恤颐堂章程

卷四　冬月收养遗孩条程、冬月恤丐条程、救生局章程、救火章程、施药局规条、栖流局章程

卷五　义仓章程、救荒章程、济荒粥赈章程

卷六　灾年恤产保婴规条、蚕桑局章程、伐蛟事宜、捕蝗章程、勤俭社约

卷七　放生会章程、放生官河条约、赏节会规约、区种章程、借米实惠法、恤寒会事宜

卷八　葬亲社约、永安会条程、保墓良规、收埋露毙浮尸章程、尸场经费章程、施棺代赊条程

卷九　教孝条规、义门族约、宗祠条规、治家规范

卷十　学宫洒扫职规条、书院规条、义学章程、粤东启蒙义塾规条、变通义学章程、蒙馆条约

卷十一　收毁淫书局章程、翼化堂章程

卷十二　惜字会条程、惜谷会条程

卷十三　首善堂章程、汇旌节孝坊祠条程、劝善提纲、抚教局章程

卷十四　吕氏乡约、保甲章程、双惜扶颠局规约

卷十五　官长约、乡绅约、高子宪约、训俗条约

卷十六　身世十二戒、羁所改作章程、不费钱功德条例、良法附纂

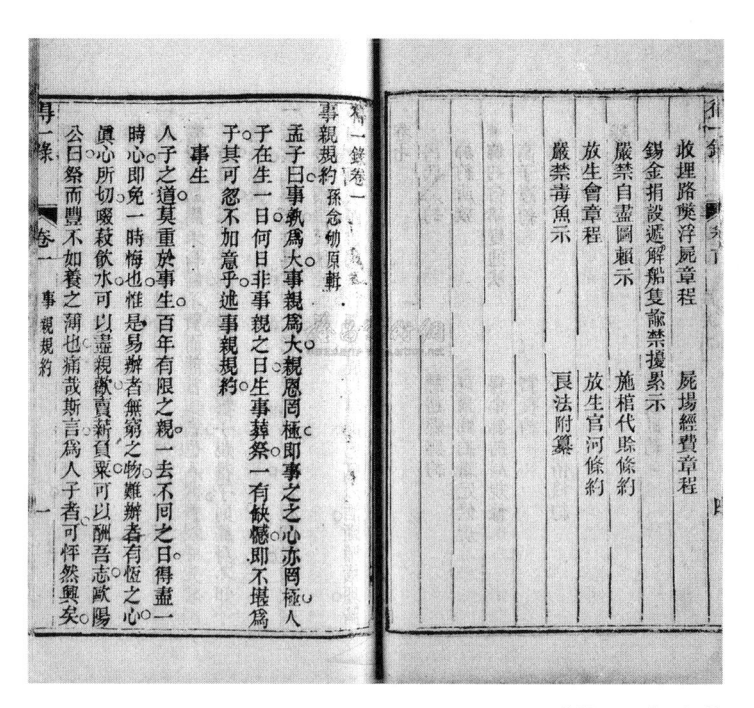

《得一录》书影

我们可以看出，尽管该书收录的主要是各类善堂善会的章程、条规，但同时也包括一些诸如乡规族约、家训格言、官方有关善举的文书以及教化论说，而其关注最多的还是赈灾、保婴、义学、乡约、劝善、教化等内容。尽管余治一直以挽人心、正风俗为己任，但此书不同于一般的善书仅以宣传教化为目的，其重点还在于实用，求得实效，实践性、针对性和可操作性是该书的鲜明特点。诚如后来慈善家经元善在光绪四年（1878）进行义赈时所指出的那样："办赈扼要秘诀，过万分为难处，但取此数书详味，必能得一定办法。"[①]

《得一录》所收的内容大多是前人的著作，如卷一《范氏义庄章程》中收录了《家规记》《文正公初定规矩》《忠宣公奏》《忠宣右丞侍郎

---

① ［清］经元善：《送两弟远行临别赠言》，《经元善集》，华中师范大学出版社，1988年。

107

公续定规矩》《后跋》《主奉能浚增定规矩》《钱公辅义田记》《附常郡王氏参改义庄规条》。其他的都是余治本人所作，如卷二《保婴会规条》中的《保婴会缘起》《规条》《附禀请江苏巡抚通饬保婴规约批》《保婴会记事》《保婴会约序》等，均出自余治之手。另外还有一些未说明出处的，也有可能是出自余治之手。

《得一录》于同治八年（1869）正式在苏州刊印，由苏州得见斋负责刊印，共16卷，是余治亲自编订。在此版中，书名由吴云题写，首列冯桂芬、吴云、许其光的序文，后附吴宗瑛和余治本人的跋。此书正式出版后，在当时流传如何，刻印情况如何，不得而知，但各地多有翻刻确为实情。

《得一录》出版后，在当时产生了重大影响，余治的名号也因此得以广播，其劝善、行善理念也得到了更广、更持久的传播。两年之后，也就是同治十年（1871），广州爱育堂重新刊印了此书，这是《得一录》正式出版后有文献记载的第一次被翻刊。到了第二年，时任河南布政使的刘奇衔将该书在河南重新刊印。上述两次刊印，基本上都是余治手定本的原本。

到了光绪十年（1884），长沙宝善堂刊印了一批历史上有影响的善书，首刊就是《得一录》。在书中所附的宝善堂《募捐刊布善书章程》中，对刊印善书的意义和作用做了交代："作善无穷，此愿先从刊布善书起；善书亦无穷，此愿先从刊布《得一录》起……刊成之日，约计本省厅州县，每属分布一百部为度，多多益善，其次分布天下，每省以三百部为度。"①据有关资料显示，宝善堂刊布的《得一录》备受欢迎，第一次刊印4000部，分赠本省各地；第二次刊印6000部，分赠全国各地。后来因为募捐不顺，暂停印赠。不过宝善堂将两次刻印的印版寄存在两家刻印店，听凭他们自行刻印发行。别的不说，仅宝善

---

① [清]余治：《得一录》，光绪十一年宝善堂刊本。

堂就刊印分赠了1万部，数量相当可观。

将宝善堂本《得一录》和得见斋本《得一录》相比较，可以发现两本出入很大，宝善堂本为8卷，而得见斋本为16卷，所以宝善堂本为重新修订的，将16卷编为8卷，8卷本《得一录》也成为后世较为流行的版本。事实上，宝善堂刻印《得一录》，初为翻刻得见斋本，为16卷，后在此基础上修订为8卷本。之后各地多根据宝善堂本《得一录》进行翻刻。到了民国，无锡人蔡文鑫、杨钟钰为了劝行善事、振兴国家，重新编订《得一录》，这就是后来上海人文印书店发行的《重订得一录》。不过此书和余治手编的《得一录》以及爱育堂版《得一录》差异较多，增添了很多西方慈善的内容，已经看不出余治编写此书的初衷。目前通行本仍为得见斋16卷本和爱育堂8卷本。

余治把乡规民约在正风俗、挽人心和保境安民中的重要性看得很重，因此只要有合适的机会，余治都会大讲乡规民约，告诉人们要重视乡规民约的价值和作用。

一、乡约小史说道德

乡约，又称乡规民约，是中国古代基层社会组织中社会成员共同制订的一种社会行为规范，是邻里乡人互相劝勉、共同遵守，以相互协助救济为目的的一种制度。

宋神宗熙宁九年（1076），陕西蓝田的吕大忠、吕大钧、吕大临、吕大防兄弟发起制定乡约，并推行于乡里，史称"吕氏乡约"或"蓝田乡约"。"吕氏乡约"是我国历史上第一部成文的乡约，具有一般乡规民约的特征，它用通俗的语言规定了处理邻里乡党之间关系的基本准则，规定了乡民修身、立业、齐家、交游所应遵循的行为规范以及过往送迎、婚丧嫁娶等社会活动的礼仪俗规。

"吕氏乡约"约束乡民的条款主要有"德业相劝""过失相规""礼俗相交""患难相恤"四条，明确规定乡邻应互助互爱、患难相助，对贫困且本分的乡人，"众以财济之，或为之假贷置产以岁月偿之"。乡民参与遵守乡约要自愿。但另一方面，又有一套较完整的体制，如组织机构、聚会时间、赏罚方式等，这使得它更多地表现为一种民间基层组织，而区别于一般的乡规民约。

"吕氏乡约"是地方乡绅组织制定的，其主要目的是彰善瘅恶，用封建宗法思想和儒家伦理纲常，对基层民众实行教化。乡约制度其实质是一种民间的自治制度，所谓"官为民计，不若民之自为计"，而在某种意义上，这种制度又是民间乡村之间为需要救助者的自发救助。

在如何贯彻乡约方面，由自愿参加的乡民推选领导者负责判定是否违反乡约和善后处理。乡民自愿加入，定期聚会，扬善警过；不遵守乡约约束的，听其自愿退出。吕氏兄弟制定的乡约，在北宋尚未普及推广。到了南宋，这些乡约经过朱熹的整理保存了下来。

明朝建立伊始，朱元璋就开始了对民众的教化，下令编辑了《昭鉴录》《永鉴录》《历代驸马录》《公子书》等，取善恶事迹，以示法戒。

洪武三十一年（1398）朱元璋颁布《教民榜文》，其中一条是这样规定的：每一乡每一里，各设置木铎一个，在本里内选择年老或者身有残疾生活不能自理的人，或者盲人，让一个小儿牵引，手持木铎在本里巡行，还要让他们高声吆喝，让人都能听见，内容劝大家行善，不要触犯国家法律。其词主要是"孝顺父母，尊敬长上，和睦乡里，教训子孙，各安生理，毋作非为"。这样的巡行每个月六次。其中"孝敬父母，尊敬长上，和睦乡里，教训子孙，各安生理，毋作非为"这六句话，就是我们所熟知的"圣谕六言"或"六谕"。这可以说是"游走的宣讲"。

从明代中期开始，在官方的大力推动下，乡约作为乡村基层的有效组织手段，在全国各地如火如荼铺开："嘉靖间，部檄天下，举行乡约。"[①] 但乡约在获得推广的同时，由于国家权力的介入，逐渐失去了原来的民间自发性与自治性特点。乡民入约变成了强迫性，对违约者普遍施以物质和精神上的惩罚，比如公开讨论彰善纠恶、评判乡民之间

---

① ［明］叶春及：《惠安政书》卷九"乡约篇"，福建人民出版社，1987年。

的诉讼案件，甚至家族礼仪、家族社区的聚会等都涵盖其中，乡约成了乡村教化和社会治安的重要载体。

　　清朝多因循明代，在社会教化上，完全师法明代的乡约和宣讲制度。清顺治九年（1652）颁行《六谕卧碑文》，内容与明太祖"六谕"一样，即"孝敬父母，尊敬长上，和睦乡里，教训子孙，各安生理，毋作非为"。顺治十六年（1659），清廷正式设立乡约制度，规定每月初一、十五两次讲解"六谕"。到清康熙九年（1670），颁布《圣谕十六条》以取代《圣谕六训》，其内容为："敦孝弟以重人伦，笃宗族以昭雍睦，和乡党以息争讼，重农桑以足衣食，尚节俭以惜财用，隆学校以端士习，黜异端以崇正学，讲法律以儆愚顽，明礼让以厚风俗，务本业以定民志，训子弟以禁非为，息诬告以全良善，诫窝逃以免株连，完钱粮以省催科，联保甲以弭盗贼，解仇忿以重身命。"

　　康熙皇帝的《圣谕十六条》，主要是教化百姓尊老爱幼、弃恶向善、和睦乡里、勤劳节俭、明礼守法，也就是修身做人的道理。雍正皇帝即位后，尤其重视乡约的宣讲，对于百姓的教化和管制，无论是在形式、内容上还是在规模上都远远超出前代。为了加深人们对《圣谕十六条》的理解，雍正二年（1724），雍正皇帝亲自对康熙的十六条圣谕加以诠释，又为它逐条加以演绎和阐释，每一条都有600字左右，长达万言，俗称"万言谕"，二者合称为《圣谕广训》，并下令将《圣谕广训》"颁发直省督抚学臣，转行该地方文武各官暨教职衙门，晓谕军民、生童人等，通行讲读。谕令各州县大乡大村于人居稠密处设立讲约所，每月朔望，齐集乡之耆老、里长及读书之人，宣讲《圣谕广训》"。其目的是"详示开导，务使乡曲愚民，共知向善"。从此，清代乡约逐渐演变成为单纯的圣谕宣讲。

　　为了使宣讲活动能有固定的场所，各州县专门修建了宣讲圣谕的"圣谕亭"，亭里竖立着刻有《圣谕广训》的龙碑。每月的初一和十五两天，当地民众都要聚集到"圣谕亭"前,由各州县的主要行政长官亲自进行宣讲。

清代乡约所继承的只是明代乡约的组织形式,而作为乡约核心内容的民间规约则被抛弃,取而代之的是朝廷颁布的各种圣谕、圣训,如《圣谕十六条直解》《分解十六条》《上谕解义》《圣谕广训直解》《圣谕广训通俗》等20余种,此外《太上感应篇》《了凡四训》《迪吉录》等也在民间广为流行,乡约所具有的民间性丧失殆尽,被官方全面控制,其所宣讲的又是圣谕、圣训,因此尽管清廷加强了对乡约的管理,仍收效甚微,到晚清时,乡约最终难逃失败的厄运。

二、"木铎老人村学究"

作为一个职业慈善家,余治关注最多的还是劝善,劝百姓行善,挽风俗,正人心。在余治看来,宣讲乡约不失为一种劝善的好办法,因此他继承历代的劝善做法,在民间大力宣讲乡约。余治所宣讲的乡约主要还是有清以来提倡的各种圣谕、圣训。在宣讲乡约过程中,余治也与时俱进,增添了不少内容,并亲自编写《乡约新编》,制定宣讲乡约的各种条规。

咸丰三年(1853),45岁的余治上书当地官员,自荐充当当地宣讲乡约的主讲人。可以说从此以后,余治就把宣讲乡约当成了自己的本职工作,也把宣讲乡约作为劝善的一项工作。

在宣讲乡约上,余治尽心尽力,当别人称呼他为"木铎老人"时,他欣然接受。他有时自嘲为"木铎老人村学究",并以"苦口宣讲木铎老人"自居。

在明清社会,"木铎老人"可不是一个谁都能担当得起的称呼,一个负有重大责任和使命的人才能有此称呼。首先,必须是上了一定年纪的人，在乡村有一定威望的老人；其次，其职责是负责一月两次的乡村宣讲活动，所宣讲的内容是《圣谕十六条》《圣谕广训》以及历代广为流传的劝善书；最后，目的是劝人行善，净化风俗。

"木铎"是什么？其实就是个道具，不过在中国古代有其特指。据文献说，"铎"大约起源于夏商，是一种以金属为框的响器。以木为舌者称为木铎，以金为舌者则称金铎。木铎为文，用以宣政布政；金铎为武，用以指挥军队。所以木铎在古代有特殊之义，当政者在宣布政教法令时，手持木铎巡行振鸣以引起众人注意。对此郑玄做过详细的解释："古者将有新令，必奋木铎以警众，使明听也。"我们明白了，原来木铎就是一种道具，为政者要发布新的命令，手持木铎摇晃，木铎上的铃铛响起，以吸引人们注意力，类似于我们今天的小喇叭或者呼哨。

木铎也成为指代儒家宣讲者的专用词，孔子就曾说："天下之无道也久矣，天将以夫子为木铎。"[①] 因此，木铎就变成了布道宣讲者的一种称呼，也只有宣扬教化者才能配得上。

明清时期，乡约成了一项制度，主要向平民百姓宣讲皇帝颁布的圣谕，木铎就成了宣讲乡约者的道具。朝廷规定，每乡每里都要设置一个木铎，挑选本乡本里有威望的年长者，每月初一、十五两次手持木铎，在乡村巡游，重点是向乡村老百姓讲解皇上的圣谕。皇上的圣谕就是最高指示，比法律还管用，内容无非是道德教化之类，比如孝顺父母、尊敬老者、团结邻里、教育子孙，不要无事生非、胡作非为，还有就是教导百姓厚风俗、务本业、明礼让、守法律等。

在统治者看来，老百姓都是一些"愚夫愚妇"，不是文盲就是愚鲁，对这些人必须启迪开道，要让家家户户都能明白圣谕所讲的内容，每一个人都成为遵纪守法、效忠国家的良民。

---

① 《论语·八佾》。

为什么余治要上书当政者，自觉担起木铎者的重任？在余治看来，形势已到了非常危险的地步，如果再不对民众进行教化，人们道德滑坡的状况将会不可收拾，势必影响社会秩序的安定。

余治所处的时代又是一个什么样的时代？

余治专注于宣讲乡约，那时他看到社会存在的问题，看到了传统伦理道德面临的危机。咸丰年间，在余治的家乡，轰轰烈烈的太平天国运动以及西方各种思潮正在冲击着传统的伦理道德堤防。尤其是太平天国定都南京，清朝统治根基大为动摇，社会动乱、人心不稳、风气大坏，种种危机都暴露出来，在这种情况下，以挽人心、正风俗为己任的余治心急如焚，怀着对农民起义的敌视，他迫不及待地担当起宣讲乡约的重任，劝人行善，挽救人心。

所以我们在史书上看到了这样一个慈善家的形象，不管寒暑，不分晴雨，每到一处都会苦口婆心地向乡民宣讲圣谕，大讲如何孝顺父母，如何尊敬长者，如何遵纪守法，如何和睦乡邻。按我们现在的说法，余治宣讲乡约完全是正能量，当政者自然喜欢和支持，但在那个时代究竟能起到多大的作用，实在很难说。毕竟社会风气正在大变，传统的道德伦理正在滑坡，如果没有能适应时代变化的新规范，还用旧有的说教劝诫人们，其效果究竟如何也就很难说清楚。

我们姑且不去探讨余治宣讲乡约起到了怎么样的作用，至少他有一点值得人们敬佩，就是他为劝善所作出的付出和辛劳。

我们看到了余治在各地宣讲乡约的努力，以及朝廷对他的奖励。

咸丰三年（1853），太平军占领南京，人心浮动，余治"先生禀请当道，宣讲乡约"[①]。为了劝服人们重视乡约，余治为此还专门写了《劫海回澜启》一文，叙述战乱给百姓带来的灾难，目的是告诉百姓，不要随波逐流，不要参加农民暴动，如若不然，会遭到天谴，受到的劫难会

---

① ［清］吴师澄：《余孝惠先生年谱》。

无穷尽。在对乡民宣讲时，余治情到动心处，呜咽流泪。

咸丰六年（1856），余治奔赴各地宣讲乡约，并著《乡约新编》，训导百姓。

咸丰七年（1857），余治"念乡约为救时要务"，又担心不识几个字的乡民不能明晓，所以就用俗语重新编撰诗歌来劝世，希望通过潜移默化影响乡民从善。

咸丰八年（1858），余治不遗余力宣讲乡约得到了为政者的肯定，为了表彰他的功绩，当地官员特地保举他作为训导，并申报朝廷授予他光禄寺署正衔。余治前半生一直致力于科举，五次科举均告失败，想不到慈善竟给他带来意想不到的功名，训导一职，从七品，比县令低一级，也算有正式功名了，吃皇粮，拿官家俸禄；光禄寺署正，从五品，由此可见朝廷对余治劝善的肯定。

同治六年（1867），余治因宣讲乡约善功，被"奏加五品顶戴"。

同治八年（1869），余治奔赴杭州宣讲乡约。

同治十一年（1872），余治独自到茅山、天竺香市，在人口密集的地方宣讲乡约。

余治在不辞辛劳奔赴各地宣讲乡约的同时，根据情势的变化，不仅编写了《乡约新编》，而且还重新制定了宣讲乡约的新条规。

余治制定的《宣讲乡约新定条规》，生动再现了晚清乡村宣讲乡约的真实场景。让我们看看余治是如何在乡村进行乡约宣讲的。

1. 机构设置。在县城设立乡约总局，推选正直的人主持局务，募集资金。管理者要以教化为先，必须具有诚敬之心，绝不能沿袭过去的做法。

2. 修复乡约匾额，重建申明亭。过去在县城四门和各乡社庙都有乡约匾额，在初一、十五讲乡约的地方，建有申明亭。现在良规久废，民俗不正，需要各地重新修复。

3. 聘请诚信正直的人为宣讲乡约的主讲人，也就是"约正"。轮流到各乡宣讲，费用由县乡约总局负责，当然有好善之士自愿捐助，悉听尊便。

4. 各乡公举乡约长，平时每月初一、十五到各村宣讲，让乡民能时时受到教化。

5. 每乡每年至少请学官亲自讲一次，召集乡绅、地保，了解地方情况，所需费用由县乡约局负责。

6. 宣讲圣谕应该以简单明了地讲解最好，不要照本宣科，讲解的时候要使用方言，还要按照当地风俗，对症下药，这样才会收到效果。

7. 宣讲圣谕要隆重，庄重严肃。

8. 开讲的时候，由专人负责维持秩序，不许百姓大声喧哗。只许进入不许出去，男女分两边站立，有不服从者驱逐出去。

9. 约正每到一乡，先了解该乡风气好坏，议立禁约，其次了解此地孝子、贞女、烈妇的事迹上报朝廷给予表彰。

10. 宣讲圣谕一味照本宣科，容易让人厌烦。主讲者应该结合当地的节孝之人的事迹加以引导，这样才能潜移默化。

11. 宣讲的重点是讲解孝道。

12. 涉及地方上的问题，要因势利导，量力而行。对于地方有孤儿寡母的，宣讲者要留心察问，制定乡约，劝有财力的人酌量赈济。效仿同善会条例，劝人们捐钱，积少成多，这样每月周济孤儿寡母，让他们能够得活。

13. 对于地方上的恶俗，诸如不孝不悌、纠众械斗、淫书淫画、淫戏摊簧、欺寡逼醮、溺女焚棺、窝匪诱赌等，宜严立议约，永远禁革。官禁不如私禁，不妨立碑遵行，这样风俗可以整齐。

14. 善书是圣教的羽翼，乡约局选择简明善本，捐资刊刻分送各学馆，劝之以时讲说。还要多备一些劝善图画，分贴于各个神庙。

……

余治在近代社会各种矛盾空前激化的情况下,在社会秩序面临崩溃的情况下,在社会道德和社会习俗面临变革的情况下,依然以卫道士的身份出现,依然幻想重塑传统伦理道德来挽救危局、匡正人心,幻想利用宣讲乡约的老办法来整顿乡村习俗。

不过余治倡导的宣讲乡约制度,已经和过去的宣讲乡约有了一些变化,不再仅仅局限于宣讲圣谕,而是增加了一些新的内容。这些新的内容包括他一直强调而又致力的劝善、行善活动,如劝阻溺婴、赈济穷人、刊印善本、劝人行善、整齐习俗等。

三、保境安民立保甲

1851年,洪秀全领导的太平天国运动爆发,很快战事就席卷大江南北。1853年,太平军攻占南京,并在南京建立政权。在此后的十几年间,太平军与清军在江南一带展开拉锯战。

尽管太平天国运动是生活在社会低层的农民不堪清王朝的剥削和压迫,用武力反抗统治者的压迫和剥削,受到农民阶层的欢迎,但在清军和太平军相互对抗的过程中,战争给社会带来的灾难也是不容忽视的,尤其是战争对农村社会秩序的破坏和对封建道德伦理的冲击尤为明显,各地农民因不堪统治者的压迫和剥削,群起响应。这种现象使得一些深受儒家道德熏陶的读书人甚为忧虑,为了稳定乡村的封建秩序,为了消除农民的反抗想法,也为了稳定一方社会秩序,余治自觉参加到维护当地社会秩序的工作中,他充分利用自己在民间有较高社会身份的条件,广泛劝说百姓安分守己,惜家护产。对于各地出现的一些暴力事件,余治挺身而出,力劝百姓放弃武力抗争。为了抵抗太平军,他在家乡组织民团,成立"保甲局",担负起保护家乡安宁的责任。

1853年,太平军占领南京,建立太平天国政权。太平军横扫江南,引起了社会的极大震荡，那些生活在社会底层的贫苦农民，似乎看到了翻身的希望，各地有不少贫苦农民积极响应，大有起事响应太平军的势头。面对此情此景，站在维护封建统治立场上的余治忧心如焚，他立即上书地方官员，要求积极应对，稳定民心。他亲自巡行各地，宣讲忠孝，大肆宣讲农民暴动带来的灾难。他的这些言说，集中反映在他所写的《劫海回澜启》一文中。他在文中描写了大量农民参加暴动带来的种种劫难，目的是希望人们不要响应太平军的号召，只身犯险，带给自己无穷无尽的灾难。

咸丰四年（1854）三月，江阴爆发了反抗官府的百姓暴动。官府强迫百姓缴纳漕粮太重，百姓不堪剥削，群起反抗。余治受地方官员的委托，亲自到各乡劝说百姓。老百姓一般不愿意走上暴力反抗官府的路子，除非走投无路。余治不顾自身安危，亲赴险境，到处宣讲乡约，以犯法危害来启发百姓。在他的一再劝说下，很多百姓打消了聚众暴动的念头。余治多日的辛苦瓦解了农民暴动的士气，很多百姓放弃了铤而走险的念头，群情稍安。余治见危情缓和，马上联系官府，派兵拘捕了领头者王锦标等，其他参与者不再追究。

在化解百姓暴动的过程中，为了不让百姓轻易受到蛊惑，余治采用了新的维稳方略，请求在各地设立保甲局，并在沿江一带严查督办，以防百姓再受蛊惑，走上公开反抗朝廷的道路。

余治创立的保甲局和过去统治者实行的保甲制度无异，也就是通过采取连坐的办法，让百姓不敢公开反抗官府，一人犯法全家连坐。在《得一录》中，我们看到了余治设立保甲局的具体内容。

为了防止百姓蓄意谋反，余治设计了非常严密的保甲法，从多种角度设计防范，类似于我们现在城市管理中的网格管理。哪一方出现问题，都会有惩罚措施。通过网格化管理把百姓牢牢控制住，减少百姓造反的机会。

余治认为，首先各个村庄建立保甲法。每十家设一牌，牌设牌长。每十牌为一甲，甲设甲长。十家中谁家有人犯法、聚赌等，左邻右舍要报告牌长，牌长报告甲长，甲长再核查。如果情况属实，轻者由甲长加以训诫，对于那些顽冥不化者，报告保甲局，由官府查办。胆敢知情隐匿不告者，加重处罚。谁敢窝藏奸细，按通匪论处，房产没收。一家犯法，十家连坐。

每户都要填写男女姓名、年龄、职业等，甚至连家仆也要填写，同时把左邻右舍姓名也写上，由牌长核查无误后，填写于十家牌中，再由甲长汇总填写，送县保甲局盖印再领回。每户牌挂在每户门口，十家牌挂在牌长门口。

在编人口，需要外出干活或者打理生意者，要报告牌长、甲长，到什么地方去、干什么去都要填写清楚。牌长、甲长还要时时暗查，看情况是否属实。

如何稽查？富户、大户稽查中小户，大户、富户互相稽查。牌长每天都要稽查，甲长每五天稽查一次。发现有可疑人，立即驱逐出去；发现匪徒，将其抓住并押解官府查办。

晚上遇到盗贼和匪徒入村，马上鸣锣为号。

别的村庄听到警报，需要在各个村口挂灯，每家轮流派人查夜。

余治倡导的保甲法，的确为维护一方平安起到了一定的作用，但这种办法是以严苛的连坐形式实施的，一家犯法，十家连坐。

四、费尽心思办民团

为了防范百姓造反，也为了防止太平军进犯地方，余治完全站在官方的立场上，出谋划策，绞尽脑汁，体现了一个传统读书人的立场。

面对汹涌而起的太平天国运动，各级官府早就吓得胆战心惊。为了自保，在江南大地，一些乡绅积极组织起乡兵、民团，一方面维护地方治安，一方面参与清廷的镇压太平军的战斗。在太平军和清军的正面战场，八旗清军节节败退，不堪一击，而地方绅士组织的乡兵渐渐成为主力军，主要有曾国藩的湘军和李鸿章的淮军。

余治是仇视太平军的，在他眼里，太平军就是犯上作乱的贼臣逆子，是匪徒，是破坏社会秩序的谋反者，因此从一开始他就站在封建王朝的立场上，不辞辛劳地奔波于各地，不是到清军的大营慰劳清军，就是到各地组织民团，操练民团，严防死守，甚至凭借他的口才和威望，号召百姓积极行动起来，出钱出力，帮助官兵。

于是在江南大地，我们看到一位年近五旬的老者，在沿江一带、苏州各地，冒着酷暑严寒，拖着疲倦的身躯穿梭。哪里有盗贼趁机作乱，哪里就有他的身影，劝人们放下武器，放弃对抗官府；为了保得一方平安，为了维持当地的社会秩序，防范太平军破坏乡村治安，他号召组织民团，严防死守；为了壮大地方武装和支持官府平息太平军起义，他到处劝募，力劝当地富户出资出饷；为了瓦解太平军，他不惜辛苦著述并广泛宣传，想在精神上瓦解他们的斗志。他就是余治。

一个年近五旬的老人，奔波在各地，不惜冒着生命危险，欲恢复地方安定有序的社会秩序，重塑被破坏的伦理道德，这是一种何等高尚的品德，也是一个乡贤留给当地社会的精神遗产，尽管他是站在封建王朝的立场上。

咸丰四年（1854），江阴一带爆发了王锦标暴乱，官府拟派兵镇压，余治考虑到如果强兵进压，势必激起更大的反抗，造成更大的伤亡，更多被卷入战事的无辜百姓有可能丢掉性命，于是他自告奋勇，亲身历险前往规劝。其实每一次百姓暴动，无不是官府压迫太甚，百姓无以为生才铤而走险，如果能够勉强活下来，谁又愿意冒着被杀头受株连的危险与官府作对？在余治一番苦劝之下，许多参加暴动的百姓犹豫观望，不愿与官府为敌。最后暴乱者抓住头目王锦标,交给官府,其余参加者既往不咎,就这样扰乱江阴一带的王锦标之乱被平息。经过这场瓦解、平息百姓暴动的事情,余治认识到要想保持一地社会秩序安定,就必须发动民众,成立地方武装,让百姓参与到维护社会秩序的行动中来,这样既可以抵御太平军的滋扰,又可以防范地方盗贼的破坏。于是在这件事后,余治向地方官倡议在寿兴沙设立保甲局,组织当地百姓成立民团,沿江严查过往行人,对于防范太平军起到了一定的作用。

太平军虽说是反抗清王朝的压迫和剥削,但战事破坏了原有的社会秩序、经济秩序和道德规范。作为极力维护封建统治的文人余治,从骨子里是痛恨和仇视农民起义的。在他看来,社会不公、贫富差距等都不是农民一定要起义的理由,他寄希望于封建王朝自身的改革,在官府不愿意改革的情况下,他唯一能做的就是通过慈善、道德说教来改变现实。所以对太平军起义,他的内心充满了仇视和敌意,而他唯一能做的就是采取各种办法支持官兵。

咸丰五年(1855),余治为了解决清兵粮草不济问题,亲自写就《助饷说》一文,力劝富人把家中的财产捐出来,作为粮饷支援清军平息太平军之需。和同县孝子孙希朱一起著书立说,大肆抨击太平军,号召百姓同仇敌忾协助官兵镇压义军。当时清军孝陵大营正发生疫情,余治和孙希朱等冒着酷暑,赶制药物,亲自送到江南大营救治官兵。

为了防止百姓响应太平军,余治奔波各地,调解乡民纠纷,和各地乡绅一起开设粥厂招抚流民,宣讲乡约,让百姓了解武装暴乱带来的危害。又怕百姓没文化听不懂乡约的内容,他就用乡民俚语、俗语改编乡约,并把乡约的主要内容编成诗歌加以宣讲,希望通过潜移默化的作用,感染乡民,劝导乡民安分守己,千万不要做犯上作乱、为害家庭的事情。

咸丰八年(1858),余治把主要精力放在筹办民团事情上来。这一年他50岁,已年过半百,本应好好享受家庭亲情的温暖,但此时正是江南大乱之际，太平军和清兵在各地激战正酣。面对太平军的蓬勃发展，清军节节败退。在此情况下，清廷接受建议，同意各地乡绅组织民团，加入镇压和平息太平军的战斗中来。这一年余治被江苏观察使吴云招到府上，商议组织民团的事情。这正合余治之意，他表示愿意替朝廷到各地组织民团，共同防范太平军。他亲自到镇江，与当地乡绅商量组织大江南北团防事宜。为此，他专门撰写《劫海回澜启》，编辑《史传故事成公侯鉴》若干卷，分送清军、民团各部队，希望当兵者不要滥杀无辜。因此之故，地方官因余治宣讲有功，由县邑附生保举他为县学训导，并加授他为光禄寺署正衔，享受五品官员待遇。

咸丰十年（1860）夏四月，太平军攻陷无锡，余治的家乡被太平军占领。余治的哥哥余齐在战乱中淹死水中，余治在常阴沙一带避难。哥哥的死让他非常难过，也让他愈加痛恨太平军，恨自己是一介书生不能亲自上战场，为此他写了《解散贼党启》一文，派人暗中在太平军中流传。内容主要是写参加太平军的士兵都是被胁迫的，想一想家中的父母妻小，无不怀着思乡之情。他又写《解散歌》48首，派人四处传播，目的依然是瓦解太平军。不久，江苏各地乡绅纷纷组织乡勇民团，共同对付太平军，由于缺少懂军事的人，各地民团一盘散沙，余治为他们私下筹划，并上书地方官恳请派人帮助主持军务。他还为清军出谋划策，力陈己见，如劝地方官派一支民团渡江协助清兵对付太平军，上书团练大臣对受胁迫参加太平军的人要宽大处理等。他的这些意见，对于瓦解分化太平军起到了一定的作用，他也成为清廷对付太平军的民间功臣。

同治二年（1863），余治已经避难到上海，当时沿长江通州、泰兴等地人心惶惶，人们都在传说太平军马上就要打过来。面对此景，余治建议当局设立"团防局"日夜巡视江口。一旦发现有军情，马上通知镇守官兵。不仅如此，余治还亲自参与团防局的工作，日夜奔波各地，督促民团巡防。因此之功，他被封赏戴蓝翎。

在太平天国运动时期，作为封建文人，余治是极仇恨太平军的，他没有探究何以会爆发太平天国运动，又何以有那么多的农民积极参加。他从维护封建统治的立场出发，以维护封建伦理道德秩序为评判标准，反对太平天国运动，并通过自己的努力践行自己的价值观，这也算是在乱世他作为一个慈善家力求做到的善行、教化吧。

在余治的慈善生涯中，很多时候他都是身体力行，以"行善"使者的形象出现在公众面前，不论是赈灾，还是编撰新蒙书，甚或是禁"淫书"建育婴堂，都是他行善的一种表现，也是江南明清以来的传统。但在近代社会，由于西方列强的侵略，太平天国运动的扫荡，封建伦理道德和传统社会习俗发生了根本性变化。面对这样一个千疮百孔的国家，余治认识到仅凭自己一人的能力或者少数富绅的能力是无力改变的，他的慈善思想发生了变化，由"行善"行动调整到"劝善"道路上，而戏剧创作是他慈善事业的又一个重要方面。其梨园创作兴慈善的主要内容就是他的善剧创作和善剧演出。

一、创作善剧移风俗

在余治的慈善道路上，其一直围绕着两条路在走：一是亲自行善、劝善，诸如赈灾、建育婴堂、宣讲乡约等；二是通过戏曲来行善劝善。通过创作戏曲行善、劝善，组织戏班演戏劝善，这在中国慈善史上还是一个新的方式。

余治在 50 岁以后，开始一种新的行善、劝善方式，这就是劝善戏曲剧本的创作。

在余治一生的创作中，不得不提两本书：一本是《得一录》，它包含了余治一生的慈善思想和价值取向；一本是《庶几堂今乐》，它是余治慈善思想和价值观在戏曲创作上的实践。

咸丰九年（1859），余治创作的新戏开始在自己办的戏班里演出，并在江阴、常熟一带巡回演出，效果空前。咸丰十年（1860），余治将自己创作的40个剧本汇编成册，刊刻付梓，这就是我们今天看到的《庶几堂今乐》。

《庶几堂今乐》，又名《劝善杂剧》，从书名可知，这是一本劝善戏剧作品的汇编。咸丰十年付梓，当时收录了40个余治创作的剧本，这些剧本主要是供余治组织的戏班演出使用，错误较多。到了同治十三年（1874），也就是余治行将去逝的这一年，66岁的余治打算再补充6个剧本，精心刻印，不料这个计划还未实现，他就撒手归西。到了光绪五年（1879），望吹楼主人再刊刻该书，可惜的是咸丰十年的本子已经遗失，更别提余治晚年准备增补的6个剧本。经过多方搜罗，他也只得到咸丰十年刻本9种，民间抄本11种，残稿14种，这就是我们现在

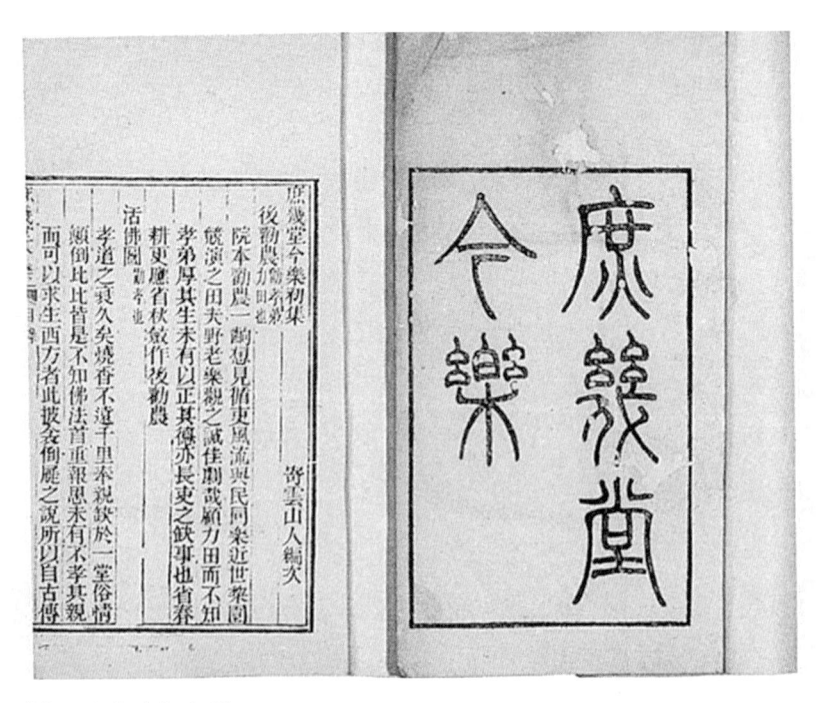

《庶几堂今乐》书影

看到的28种劝善戏。

余治为何要创作戏曲剧本来劝善？这与余治一生的道德追求和价值取向有关。余治生活的时代恰值中国数千年未有之变化的时代，尤其是西风东渐、欧风美雨的内浸，加之太平天国运动，对中国传统社会的影响深远而广大，传统乡村的文化生态和道德模式被新的力量打破。旧秩序、旧道德不合时宜，新制度、新秩序却远远没有建立起来，人们的生活方式和价值取向自然会出现冲突的局面。

这样的社会现象和原先模式究竟有怎样的不同？余治看到了，他看到的社会是"当是时，江南方承平，风俗浮靡，市井之子酒食征逐，士大夫亦以文艺相尚"①。面对这样的社会，余治"慨然以人心世道为忧思，有以维持补救、挽回劫运"，并认为要想改变这样的局面，除了坚持圣贤经传外，对于平民百姓，这些儒家经典"非凭愚蒙所能通晓，宜以浅近之言发明之"②。

在时代大变局面前，余治不是像同时代的龚自珍、魏源一样希望变革，而是希望整个社会回到传统的教条中来解决社会问题，重新构建日渐衰败的道德生态系统，通过修补封建末世裂缝的方法来挽风俗、正人心。

在余治看来，晚清社会最大的问题还是教化问题。在《教化两大敌论》中，他认为："从来天下之治乱，系乎人心，人心由乎教化，教化一日不行，则人心一日不转。教化者，圣王驭世之微权，实人心风俗转移向背之机，不可一日或废者也。"③

既然"教化"是当今社会迫切需要解决的问题，如何进行教化才能让受众者接受？在余治看来，接受教化的受众不是当权者，而是那些缺

---

① ［清］俞樾：《余莲村墓志铭》。
② ［清］余治：《得一录》卷十四。
③ ［清］余治：《得一录》卷十一之《教化两大敌论》。

少知识、教育的庶民百姓,只有让庶民百姓接受了所谓的大道理,社会秩序才会稳定。如何让庶民百姓接受教化?必须用他们喜闻乐见的形式和方法。庶民百姓最喜欢光顾的场所就是戏院,最能接受的内容就是戏剧。

为什么这么说呢?俞樾在《余莲村劝善杂剧序》里说得很清楚:

> 天下之物,最易动人耳目者,最易入人之心。是故老师巨儒,坐皋比而讲学,不如里巷歌谣之感人深也;官府教令,张布于通衢,不如院本平话之移人速也。君子观于此,可以得化民成俗之道也。《管子》曰:"论卑易行。"此莲村余君所以有劝善杂剧之作也。①

这就是余治为何创作劝善杂剧的动因,通过戏剧达到道德风化、伦理说教之目的。在他看来,当时危害社会道德和风俗的敌人就是"淫书""淫戏"。

作为封建伦理道德卫道士的余治,在行善、劝善几十年后,其慈善重心转到编写新戏曲唱本上,《庶几堂今乐》应运而生。

为何将这部剧本集取名为《庶几堂今乐》?余治还是很讲究的,此书名取自《孟子·梁惠王下》一句"王之好乐也甚,则齐国其庶几乎",意思是说假如齐王果真喜欢音乐的话,那么齐国的治理也就差不多了,"庶几"意即"差不多"。在《庶几堂今乐·自序》中,余治道出了自己编写这部书的缘由:

> 庶几天下之祸亟矣,师儒之化导既不见为功,乡约之奉行又历久生厌。惟兹新戏最洽人情,易移风俗,于是乎在,即以是为荡平之左券焉,亦何不可也。名曰《庶几堂今乐》。庶几哉,一唱百和,大声疾呼,其于治也,殆庶几乎。②

---

① [清]俞樾:《余莲村劝善杂剧序》,《春在堂杂文续编三》,光绪二十五年重刊本。
② 陈去病:《论戏剧之有益》,《中国近代文学论文集·戏剧卷》,中国社会科学出版社,1988年。

由此可见，余治就是希望通过自己振兴教化的新戏来起到重振社会道德、社会习俗的作用。因为苏南百姓喜欢看皮黄戏，所以《庶几堂今乐》唱本基本上都是用苏南百姓喜欢听的皮黄戏曲调；又因为这些剧本是为庶民百姓而写的，所以必须兼顾到百姓的文化水平和欣赏水平，阳春白雪的昆曲雅调，民间百姓已经不喜欢，因此余治创作的唱本就采用皮黄俗调，这样宣传的效果才能达到。

余治在咸丰十年刊印的《庶几堂今乐》已经散失，现存的《庶几堂今乐》是光绪年间重新搜集整理的，只有28种，比原先的少了12种。尽管如此，仍能反映出余治创作戏曲的内容和主旨。

这28种剧目为《后劝农》《活佛图》《同胞案》《义民记》《海烈妇记》《岳侯训子》《英雄谱》《风流鉴》《延寿录》《育怪图》《屠牛报》《老年福》《文星现》《扫蛳记》《前出劫图》《后出劫图》《义犬记》《回头岸》《推磨记》《公平判》《福善图》《酒楼记》《绿林铎》《朱砂痣》《阴阳狱》《同科报》《劫海图》《烧香案》。此外，还有《苦节记》《状元匾》《巧还报》《人兽记》《五雷报》《孝友图》6种存目。

余治的唱本，内容基本都是劝善惩恶，每一出戏都以某一劝善为主题，大致来看主要有三大类型：宣扬大义、日常伦理、诲淫诲盗。

1. 宣扬大义。主要是以宣扬儒家道德伦理纲常为内容，即儒家道德提倡的"忠""孝""节""义""悌"，也就是强调臣民对皇帝的忠诚、晚辈对长辈的孝顺、妻子对丈夫的遵从、朋友之间的交往原则和兄弟之间的和睦相处。

如《岳侯训子》是突出"忠君"的代表，借岳飞之口，大讲"忠孝之道"。剧中借韩世忠的口来称赞岳飞一家：

父尽忠来子尽孝，岳家父子是英豪。

劫监劫狱是强盗，反叛大逆罪恶滔。

岂有忠臣甘如暴，一身逃罪便咆哮。

129

教忠教孝可知道，岳侯训子实在高。

《前出劫图》《活佛图》主题是劝孝。《前出劫图》讲太平天国运动爆发后，镇江的杨念劢带领老母和妻儿逃难，被太平军追上，杨念劢宁愿舍弃妻儿和自己的性命以换得母亲的性命。杨的孝心感动了天地，不仅瓦解了太平军的意志，还保全了自己一家。《活佛图》写太和县杨甫一心向佛，却不顾家中年迈的老母和妻小。杨甫不顾妻子的反对，去灵山寻佛。老母病重，其妻子割股事亲。此事感动了灵山佛，灵山佛感叹："常叹世人颠倒颠，痴心学佛想西天。灵山原在心田见，心田要好在堂前。"以此来嘲笑那些口念佛经却不顾亲情的人。

《海烈妇记》表现的是一个烈妇面对奸淫之徒的选择：宁死不屈。

《义民记》《义犬记》强调的是重义美德和知恩图报的美德。

《同胞案》《公平判》是劝兄弟姐妹和睦相处的戏。

2. 日常伦理。强调的是劝善惩恶、积善积德。此类戏剧因为来源于生活，故而也是余治戏剧中水平较高的。

余治在《得一录》卷四收录一篇《医药局立愿单说》，提到人如果能做到这12条，不仅可以疾病消除，而且灾难也会消除。如果人人能劝世人做到这12条，就可以福寿天年。这12条就是：

第一句勿逆父母。

第二句勿忘皇恩。

第三句勿欺兄弟。

第四句勿走邪路。

第五句勿溺女孩。

第六句勿坏良心。

第七句勿骗人财。

第八句勿占便宜。

第九句少杀生命。

第十句常行好事。

第十一句敬惜字纸、五谷。

第十二句戒吃牛犬田鸡。

余治将这12条融入剧本中，就变成了勿逆父母、勿忘皇恩、勿欺兄弟、勿走邪路等。

如劝人行善、常做好事的有《延寿录》《扫螭记》《朱砂痣》《同科报》，劝人珍惜字纸、五谷的有《老年福》《文星现》《后出劫图》，劝人勿溺女婴的有《育怪图》，劝人戒杀牛犬的有《义犬记》《屠牛报》，劝善惩恶的有《后劝农》，针砭时弊的有《酒楼记》《福善图》《烧香案》。

在描写社会百态方面，具有非常进步意义的是劝人勿溺女婴的《育怪图》。余治希望通过这样的戏剧，劝诫百姓停止溺婴。

《育怪图》讲述的是两个家庭对待女婴的不同态度。在朱三郎家，其妻子已生一男二女，后又生下一对双胞胎被朱母淹死。有鬼魂刘陈氏投胎到朱三郎家，转世为女孩，当朱妻又生一个女儿时，就是刘陈氏投胎而来，朱母一看还是女孩，就将其淹死。刘陈氏的鬼魂到东岳帝君前告状，东岳帝君允许她再转世到朱家变成索命怪物。不久朱妻生下一个人头蛇，咬掉了朱母的舌头，差点吓死朱妻。朱三郎拼命向菩萨求情，保证以后不再淹死女婴，这才保全了朱母和朱妻的性命。而在另一家朱三郎堂兄朱二全家，虽然已经生了五个女儿，但都视若珍宝。有一天，其母和其妻去野外采桑，见一女婴被弃在河边，忙抱回来抚养，由于朱二全家多做善事，感动了观世音菩萨，就给朱家送来儿子。当天出巡的陈布政使因下雨到朱二全家避雨，听说这家生了儿子，晚上神仙托梦，要他与朱二全家缔结姻亲。第二天，陈布政使就将女儿许配朱家。这个剧本虽然以因果报应来批评溺婴的恶俗，但这种套路能唤起民众行善积德的思想，对社会溺婴现象或许有一定的劝止作用。

3.儆惩诲淫诲盗。诲淫诲盗是封建统治阶级对民间通俗文学作品、言情小说的贬称，在统治者看来，这些作品不是诲淫就是诲盗。被统治者视为"淫书""淫戏"的主要指《西厢记》《金瓶梅》等小说和戏曲。余治在编的剧本中，包含《英雄谱》《绿林铎》《阴阳狱》《劫海图》《风流鉴》等。

《英雄谱》讲述浪子王海二"嫖、赌、饮、荡、吹"五毒俱全，成为当地一恶。老父亲被他气死，家财也被他挥霍一空，无奈他便与陈金、施三在乌龙山落草为寇。有一天，好汉赵文雄路经此地，被王海二、陈金拦路抢劫。殊不知赵文雄英雄了得，不仅杀死王海二、陈金，还将施三擒拿归案，押至县衙请赏。县令在审讯施三时，施三招供，之所以上山落草为寇，主要是因为看水浒戏，认为学宋江等人上山为寇才是真英雄，这样有朝一日官府招安，可以名利双收。县令下令将施三斩首示众，并下令禁演水浒戏。在《英雄谱》序里，余治说出创作此戏的目的："惩诲盗也，英雄好汉，为千古义士美名，自《水浒传》一书出，而大奸巨滑，公然冒其名以相夸耀。近世更演成戏文，则无识愚民，多从而艳羡之，附和之；及至效尤无忌，法网躬罹，始悟戏文之误我，为世人笑。此赵文雄除暴锄奸，所以正名定义也。"

在《绿林铎》中，余治表达了同样的思想，故事情节和《英雄谱》较为相似。说有两个强盗计老大和蒋老二纠合一帮人杀人越货，扬扬自得。后来官府派兵镇压，计老大被抓，蒋老二在逃跑途中溺死。在临刑前，计老大颇有一番"英雄"气概，真的是慷慨激昂，大声吆喝：18年后老子还是一条英雄好汉。在这部戏中，余治设计了这样的一场情节：计老大到阴间后，发现蒋老二被打到了十八层地狱，他受尽了种种磨难，不仅不会轮回转世为英雄，反而要变成猪羊狗之类，还要受尽酷刑。计老大后悔了，悔恨自己不该当强盗。

在《绿林铎》中，余治还设计了一个场景，就是县令（由生扮）审问计老大（由付扮）：

生：你是强盗计老大？

付：小人不是强盗。

生：不是强盗是什么？

付：是英雄好汉。

生：什么英雄好汉？

付：梁山水浒个个都是英雄好汉，小的是梁山上一派传授下来嫡嫡亲亲一个好徒弟，并不是强盗。

余治就是想通过计老大之口，来告诉民众，《水浒传》不是一部好书，水浒戏也不是什么好戏，水浒戏里的人和计老大等都是一丘之貉，都是强盗，不是什么英雄好汉。而且他们的下场都是一样的，"盗贼不无漏网，国宪若有穷时，不知官吏访拿不避，冥司勾摄难逃；事主追捕可宽，冤鬼相随不脱"。

《阴阳狱》《劫海图》都是余治创作的直接反映太平天国运动的，他以谩骂的方式尽量丑化太平天国领导者。在他的笔下，太平天国领导人个个都成了跳梁小丑，个个无知而凶残，宛若魔鬼一般。像描写洪秀全，全是净扮，他的出场像小丑一样"跳"上：

（净跳上，唱）奋不顾身钦尔辈，果然节烈果然忠。

俺乃一条好汉，绰号叫太平天国伪天王，俺自攻破天京，与兄弟们共享天福，好快活也。

其他几个太平天国领袖也全是丑角，他们的言语行为、插科打诨，几近荒唐可笑。余治之所以百般丑化太平天国，是因为在他看来，太平天国运动和历史上的农民运动没有什么两样，和《水浒传》里的农民运动一样，都是强盗，都是邪逆之徒，都会受到天地神明的惩罚。再者太平天国运动，余治是亲历者，他看到了战争带给人们的苦难，再加上自己的家乡被太平军占领，自己的哥哥又死于战乱，自己也被迫流离失所，因此从内心痛恨太平军，这样讽刺挖苦太平军也就可以理解了。

《风流鉴》讲的是看风流淫戏带来的社会问题。戏中讲开封祥符县有一个唐员外,风流成性,有一天他到外面戏院看风流淫戏,回家后发现女儿不见了,恰好有人说看见一对青年男女向北而去。唐员外大吃一惊,知道女儿和人私奔了。他忙派人四处寻找,终于找到女儿和一个叫周文彩的书生。当唐员外将二人送到官府时,唐小姐说出私奔的原因,是因为她平时看父亲经常看淫书、淫戏,她也偷偷看,潜移默化,这才做出这样的事情。

余治创作这样的戏,目的在于告诉人们"导淫一端,莫甚于戏,亦莫捷于戏。而近世士大夫观剧,每喜点演以博风趣。少年子女,情窦初开,环观群听之下,有不荡心失志者罕矣。取乐只在一堂,流祸且及海内,奸拐之案,层见叠出,因此故耳"。

余治创作的《庶几堂今乐》,作为劝善戏剧,在当时起到了一定的作用,再加上余治不遗余力地宣扬和身体力行,使余治行善、劝善在另一方面取得了积极效果。

二、组织戏班演善戏

在余治劝善过程中,创作善戏只是其慈善事业的一部分,为了落实劝善的效果,余治开始把目光转到组建戏班上,通过组建戏班演自己创作的剧本,进而达到劝善的目的。

从咸丰九年(1859)开始,余治就在江阴、常熟一带向民众演出自己创作的《庶几堂新戏》,而演出新戏的戏班子就是余治自己组建的。

余治对那些流落街头的孤儿非常重视,为了救助这些孤儿,他曾出面组织一些流落街头的孤儿参加惜字纸活动,让这些孤儿在街上、垃圾堆里捡印有文字的纸片,根据每天捡的多少付给一定的报酬,这样既体现了惜字会的作用,又达到救济孤儿的目的。

在创作了《庶几堂今乐》劝善剧本后，为了广泛宣传劝善之举，必须组织戏班来演这些剧本，并巡回演出，这样才能达到劝善的效果。如果让现有的戏班来演出这些剧本，这些戏班未必愿意，戏班是靠演出生存的，戏目如果不能吸引观众，肯定无人捧场，戏班也就没有收入，难以生存下来。而且靠现有的戏班来演出，成本比较高，演出时的内容未必忠实原著，如果乱加改编，效果会大打折扣，这些都是余治不愿看到的。

　　基于种种顾虑，余治想到了自己组织戏班。他通过个人的努力在社会上募捐到一批资金，开始在社会上招募那些流落街头的儿童，发现有表演才能的，就把他们收入戏班里，聘请一些老艺人加以训练、调教。这些从没有受过艺术熏陶的流浪儿童，在梨园老艺人的调教下，竟也能演得有鼻子有眼，生、旦、净、末、丑诸角演得活灵活现，唱腔、动作也是有模有样，一时间还真引起不少人叫好。近代南社诗人陈去病在《论戏剧之有益》中说：

　　　　梁溪有奇人余治者，独心知其意，尝谱新剧数十处，皆皮黄俗调，集优伶演之，一时社会颇欢迎焉。

可见，当余治组成的戏班排演自己新编的剧本并在各地上演时，的确受到人们的欢迎。

　　然而好景不长，由于经费困难，余治创办的戏班一段时间后就维持不下去了。这又不仅仅是经费困难的原因，任何一部好戏，如果适合大众口味，绝对不会没有市场。余治组成的戏班维持不下去，绝非仅是经费困难，必定还有其他原因。其真正的原因就是这些劝善的戏剧说教味太浓，远离了民众的生活，其宣讲的都是忠孝节义之类的善戏，感化意味太浓，这与那个时代人们追求的社会时尚相去甚远。所以这类戏刚一露头，或许还能吸引人的眼球，时间长了人们就产生视觉疲劳，关注的人就会越来越少。

一般的观众不买余治的账，但作为统治者却很是看重这类善戏的社会价值，《庶几堂今乐》中的思想得到了官方的认可，《朱砂痣》就曾在清宫戏台上多次演出。第一次演出是在同治十年（1871）正月初一，同年七月又在宫廷中演出。之后光绪年间、宣统年间也多次演出。前两次余治还在世，看到自己的新戏能在皇宫演出，也算是一种安慰。

在地方，余治的新戏也得以演出，效果还不错，但观众却不是自愿掏钱观看，要么是地方官员下令演出，要么是积善局同人出资号召大家观看。如同治十二年（1873），余治组建的戏班在上海丰乐园演出，演出的内容当然都是"近时果报、劝忠劝孝、戒杀、戒淫"，为了号召市民踊跃观看，上海积善局同人提前在报纸上大肆刊登广告，并要求绅商"广劝同人随时往看，以资观感而启圣心"[①]。此外，浙江总督杨昌浚也下令在浙江一省演出。在余治去世后，上海知府还曾下令各戏班演出《庶几堂今乐》中的剧目。

余治创作了40多部善戏，但这些剧目在舞台上流传并不广，除了《朱砂痣》，其他剧目很少流传，个中原因还是余治的作品内容太过单调，劝善理念束缚了剧情的发展，尽管有些剧本立意不错，但枯燥无味的说教破坏了全剧的主题，瓦解了剧情，可以说余治的戏剧"成也劝善，败也劝善"。

按理说，劝善剧代表了正能量，但是这样的剧本严重脱离社会，偏离了近代社会的文化发展趋势，背离了人们的审美情趣，也就是和社会相脱离。再正确的道德说教，自然也会在人们的厌烦中失去市场。余治所谓的挽风俗、正人心，不过是漠视近代中国社会的发展变化，让整个社会重新回到"存天理，灭人欲"的局面，没有人喝彩也就在情理之中，没有人资助戏班也在情理之中。无奈之下，余治组织的戏班不得不解散，其很多作品甚至未演出一次就夭折了。

---

① 《丰乐园新演善剧》，《申报》1873年2月。

看到这种惨状，余治也是无可奈何花落去。他临死前还念念不忘，不断叮嘱家人：

> 区区之心无所恋，惟此《庶几堂新戏》足以转移风俗，激发人心为极不忘耳。二三子为我转告诸同人，倘得有大力者登高提倡，颁入梨园，则生平之愿也。[①]

但时代不同了，余治畅想的封建伦理道德的梦想也就很难实现了。

---

① ［清］吴师澄：《余孝惠先生年谱》。

蛰居浙沪行善事

太平天国运动爆发后,江南大地成为清军、太平军作战的主战场,长达十几年的战争给江南社会造成了巨大的破坏,也造成了百姓流离失所。家园毁了,亲人没了,各种各样的灾难、各式各样的痛降临在江南百姓身上。

余治,这位大清王朝的守护者,为了救济被战争搞得家破人亡的百姓,开始四处奔波,开展各种各样的慈善活动。当太平军占领余治的家乡后,余治被迫迁居上海等地。不管是避乱,还是开展慈善活动,余治一直坚守着自己的人生理想,做一个职业慈善家,为这个多灾多难的国家和人民做出自己应有的贡献。

一、行走苏南赈灾民

在余治的慈善事业活动中,根据他的活动地域和时间,大致可以划分为三个阶段:第一阶段是在1851年太平天国运动爆发之前,余治主要在家乡无锡、江阴一带活动,属于乡里善士,不论是救灾还是办义学、办育婴堂等,都是在家乡为乡邻做善事,属于本土乡贤。第二阶段是太平天国运动爆发以后,江南一带成了清军和太平军交战的主战场,战争给江南一带带来了灾难,余治站在维护封建统治的立场上,积极投入战时宣讲乡约、筹办团练和战后的善后工作。第三阶段是咸丰、同治年间,余治的活动范围进一步扩大,已经扩展到苏州、浙江、上海等地，宣讲乡约、筹办慈善机构、演善戏等，余治的影响日益扩大，从乡里善人转变成江南地区的大善人，影响巨大，成为晚清慈善史上领袖级人物。

太平军纵横江南大地与清军殊死搏斗的时候，也是余治将慈善活动从家乡扩展到整个江南地区的时候，残酷的战争给江南大地造成了极大的破坏。面对成群结队流离失所的百姓，余治积极投身到救济各地灾民的活动中，尽自己的能力为灾民提供便利。在江南各地，哪里有灾民，哪里就有余治的身影。

让我们翻开史籍，让我们踏着咸丰、同治年间余治在各地行善的足迹，看看这位慈善家在各地慈善的伟绩和壮举，并由衷向这位慈善家献上深深的敬礼。

咸丰三年（1853），也就是太平军占领南京的时候，江南一带百姓惊慌失措，为避战乱四处流散。阳湖县朱家渡桥，是太平、从政两乡来往的主要通道，可惜桥毁二十多年，给人们出行带来不便。太平军占领南京后，逃难的人更多，没有桥，人们来往更不便。当地绅士张寿德有志重建，可惜费用太大，凭一己之力无法完成，就去请教余治。余治到处发动乡绅劝募，终于募得巨款，历经三年完成桥梁重建工作，为百姓通行提供了方便。

咸丰五年（1855），面对不断强大的太平军，清军在与太平军的对垒中节节失利，清军只能采取守势，成立江南大营、江北大营围困南京。余治是极端仇视太平军的，在太平军占领南京后，他就写《助饷说》一文，劝说那些大户人家，拿出所有的家产帮助官兵镇压太平军，甚至联合同县的一些绅士，极力妖魔化太平军。在清军大营发生疫情时，他不惜冒着酷暑率领大家捐助医药，帮助清军，并亲自到清军驻扎地孝陵慰问清军。

余治还联合其他绅士在无锡吴塘门成立慈善机构——太湖救生局，

并亲自撰写救生局条规。太湖流域，水深浪高，每年都有人溺水而亡。行驶在湖里的渔船，闻听有人落水，很快齐集打捞。被救之人，因财物落入水中，无钱表示谢意；而死者虽被捞起，家属却往往埋怨救援不力，这样施救者两头不落好，时间一长也就没有船家愿意从事救生这样的善举。余治从劝善、行善出发，把过去个人的行为变成固定机构的善事活动，在众人的合力下，成立了救生局，经费由官府拨款和捐赠两部分组成，所有的救生费用不再依靠个人，而是由救生局承担。这样不仅免去了很多烦恼，而且效果颇佳，每年仅在太湖就拯救生命无数。

咸丰六年（1856）夏，沿江一带大旱，沿江百姓为争水源发生械斗，余治挺身而出，代表官方前往调解。面对旱情，不少人家颗粒无收，生活陷入困境，有些人家不得不背井离乡，外出逃生，成为难民。余治善心大起，会同当地绅士、富户，设立粥厂安抚流亡百姓，缓解百姓困难。

咸丰八年（1858），余治亲奉江苏观察吴云的手书，到镇江一带安抚救助当地难民，并与当地官府、绅士协商组建民团，共同对付太平军。面对江苏各地的局面，为了挽救时局，打消百姓响应太平军号召的念头，余治不惜花费时间编撰一些通俗易懂的诗歌劝百姓遵纪守法，和朝廷一起共同对付太平军。为了感化百姓，他号召百姓抵制《水浒传》等所谓的"淫书"，以断了百姓抗争的念头。

在此后的几年里，他游走于江阴、常熟等地，组织戏班，演所谓的"善戏"，通过戏剧的形式向人们传递正能量，坚决抵制《水浒传》《西厢记》等戏剧，甚至撰写并排演《后劝农》《同胞案》《英雄谱》《绿林铎》等新戏，在各地上演，劝导人们不要像农民起义军一样，其目的是打消人们效仿起义的念头。

咸丰十年（1860），余治的家乡无锡被太平军占领，余治的哥哥在逃难中不幸落水而亡，余治也和许多乡亲一样离开家园，到他处流亡，成为难民。他暂时避难于靖江县，当时避难于此的百姓很多，史称"时江南难民呼号蚁集"，可想人数之多。这么多难民云集于此，生活自然成为大问题，余治就发动江北一带的慈善之家、当地绅士，在如皋的石庄永乐桥，靖江的斜桥、四墩子，泰兴的口岸、新镇市以及寿兴沙、常阴沙、太平洲等地设立粥厂，一时间解决了大部分难民的生存问题，很多濒临死亡的难民得以存活。

同治二年（1863），旅沪的余治仍然不忘江南大地难民生活的困境，亲绘《江南铁泪图》，亲自到江北募捐。这些"铁泪图"，都是以图片的形式反映了江南百姓在战乱中遭受的苦难，每一幅图片都催人泪下，以此感召江北未受战乱破坏的人们慷慨解囊，帮助江南百姓重建家园。为此他亲自撰写《劝捐启》，以江南遭受的战乱为前提，述说战乱给百姓带来的劫难，这些文辞惊心动魄，见者感涕。在余治的不懈努力下，江北劝捐效果明显，余治也因此被大家敬仰。

余治在太平天国运动前，以一个乡村善人的身份，劝善行善，救赈济人；太平天国运动爆发以后，他奔走于大江南北，在江苏各地劝善行善，身体力行践行着一个慈善家的操守，他在江苏慈善史上做出的业绩，一直为人们津津乐道。他不仅是无锡县的大善人，也是江苏的大善人，诚如《无锡金匮县志》所载：

> 余治，字莲村，诸生以劝善为己任，每谒当道及诸富室，血灾保婴等事。……治晚年益广刊善书，或集优人，俾演古今果报事，冀感发乡愚，一时有"余善人"。[1]

我们再看《苏州府志》的评价：

> 道光咸丰间，江浙有名余善人莲村者也。道光中以善人著声远近者，有吴县潘曾沂、谢元庆，治起稍后。[2]

---

[1] 光绪《无锡金匮县志》卷二十五。
[2] 同治《苏州府志》卷一一二。

不仅是在他的家乡无锡人们将他铭记在心，整个江苏、江南大地也把他作为著名的乡贤加以敬仰。

二、奔波浙沪治善事

咸丰十年（1860），太平军占领了无锡、苏州等地，余治和其他人一样成为躲避灾难的流民、难民，四处漂泊，最后寓居沪上，开始了他晚年的慈善事业。

余治在54岁一直到66岁这十几年时间里，大部分时间都在上海度过。寓居沪上，也是余治将慈善义举推向高峰的时期，使他成为响彻大江南北的著名慈善家。

同治元年（1862），活动于苏北从事赈济难民的余治，面对如此众多的难民，知道仅凭当地善士的捐助远远不能满足难民的需要，加之战事频仍，为了给难民提供更多的救助，他把目光投向当时相对安宁的上海。为了安全起见，余治同苏州一些绅士一起乘船渡海来到上海，开始了后半生慈善活动的新历程。

到上海以后，余治联络旅居上海或者避难到上海的一些苏州籍绅士，加入保息局，以此来安抚救济流落到上海的难民以及广泛捐助还在大江南北受苦挨饿的江南难民。

1862年，余治到了上海，当时寓居上海的苏州慈善家冯桂芬联络苏州籍绅士成立了保息局，余治作为江南有名的慈善家、冯桂芬的同道好友自然也被吸纳进来。据同治朝《上海县志》记载，同治元年夏，上海发生瘟疫，苏州绅士在上海广福寺创设保息局，主要任务是为饱受瘟疫折磨的人提供医药和施舍棺材、代葬的场所。最初的救济对象主要是来沪的苏州同乡，也就是"专为苏人避难者设"，后来因为受灾的百姓增多和因战乱避难上海的难民增多，保息局扩大了救助对象的范围，"旁及他处，不分畛域"。保息局的最初职能为施给苏州难民医药及施棺代葬，后来将救助范围扩大到所有战争难民，职能也进一步拓展，发展成为兼办养老、恤嫠、施棺、埋葬和义塾的综合性慈善组织。

余治参与冯桂芬创建的保息局，主要还是太平军攻占苏州后，"吴民死亡者三之一，散而之四方者亦三之一"，逃往上海的苏州难民"先后奚啻以十万计"。他们生活极为艰难，"流离播迁之余，羁孤无可告，重以食玉炊桂，居大不易"；又恰逢"天行疬疫"，遂出现"病无以医药，死无以棺敛，比比皆是"的惨况[①]。鉴于此，同治元年夏，冯桂芬率领一批江南绅士仿照苏州"诸善堂故事"，创办保息局，推行施药、施棺、掩埋、恤嫠和惜字纸等各项善举。

除了参与保息局的救助难民活动，余治还在上海创设粥厂，赈济流落上海的灾民。为了帮助灾民能有一个安定的生活环境，达到自养，余治在其他绅士的帮助下，采用男佣女织之法，解决部分难民的生计问题。从灾民中选择男子到一些工厂或者有钱人家做佣工，女的介绍到一些纺织厂做女工，这样使得灾民在流落上海期间能够生活下去。在这项工作中，余治发动很多绅士参与，积极联络用工人家，不辞辛劳地为难民生计奔波。

同治五年（1866）二月，客居上海从事慈善活动的余治，受上海道台应宝时的邀请，担任广方言馆监院。广方言馆，1862年由李鸿章在上海创设，始称外国语言文字学馆、同文学馆。招收14岁以下儿童住馆学习。聘英国人为西教习，另聘中国人任总教习和分教习。余治被聘为监院，也就是广方言馆的馆长，类似于今天的校长。身为监院的余治亲自拟定校规，虽说此学校以教授西方知识为主，以培养精通西学的人才为主，但余治还是在校规方面增添了传统小学的管理内容，以此来告知学生在学习西学的同时不要忘本。

[①] 《保息局征信录》卷首"序"，光绪七年刻本。

同治五年五月，抚教局成立，应宝时聘请余治主持抚教局的工作。

在抚教局未成立之前，余治在上海联合其他乡绅募捐筹集资金建立恤孤局。

恤孤局是一个慈善机构，主要收留16岁以下流落街头的孤儿。太平天国运动时期，难民流落上海的很多，更多的是无依无靠的孤儿，这些未成年人没有生活来源，流落街头，为了生计不得不进行一些偷鸡摸狗的勾当，对当地的社会治安也是一种危害。余治站在维护社会治安的立场，联合乡绅成立这样的慈善机构，收留流落街头的孤儿到恤孤局，除了保证他们的日常生活，还对他们进行必要的教育。在收留一段时间后，如果能寻找到其父母，就送还；找不到其父母或者确为孤儿者，则让他们在恤孤局学习一门手艺，以便能自食其力。尽管余治等人创设的恤孤局收留了不少的难民儿童，但上海太大，一两个恤孤局解决不了全部问题，仍有不少难民儿童流浪街头，沿街乞讨，衣食无着，如果一旦染病，只能龟缩在贫民窟或者街头角落等死。在这种情况下，应宝时决定捐廉银建抚教局，命余治主持工作。

抚教局类似于恤孤局，也是专门收养未成年人的慈善机构。不过抚教局略微不同于恤孤局，其主要任务一是抚养，二是教育，是将慈善和教育合二为一的慈善机构。为此，应宝时还专门贴出筹办抚教局的告示。在公告中，应宝时提出了成立抚教局的初衷和办法。

> 查得上海乞食难童，散处城厢内外，暨洋泾浜等处者甚多，大都异乡客籍，流落难归。父母俱无，茕茕孤露，频年漂泊，寒暑交侵，往往转填沟壑。若不及早督令习业，无论乞食必难久活。即幸而得存，而积惯丐乞，习成顽劣，日益放纵，比匪同归。①

从中我们可以看出，应宝时创办抚教局的目的还是担心这些流浪街

---

① ［清］余治：《得一录》卷十三。

头的孤儿得不到救济和教育而学坏,给社会带来不安定因素。

余治在主持抚教局以后,专门制定了《抚教局章程》。在《抚教局章程》中有如下规定:收留的对象是16岁以下无依无靠的难童。进入抚教局的难童,由抚教局供给衣食、住所,给他们医治疾病。根据他们的能力,另雇工匠督令他们学习一门技术,以一年为限,学成一门手艺,以便他们能自食其力,以后的生活也就有了着落。

同治六年(1867),59岁的余治又被应宝时委以重任,在上海县城西创设普育堂。普育堂也是一种慈善机构,位于上海大南门外的陆家浜南岸,主要职责是负责向贫死者施舍棺材、向穷人施舍衣食、免费诊病发药、埋葬死去的穷人和倒毙在路上的死者、向寡妇和孤老者提供生活补助、收养弃婴等。余治早年就在无锡等地从事这项工作,主持上海普育堂工作可谓轻车熟路。尽管这样的慈善机构对整个社会意义不大,但至少对于流落在上海的难民来说,也算是一种福气。

余治在上海的慈善活动,不仅得到各地百姓的拥护,也为他带来不少荣誉。也就在这一年,清廷为褒奖余治的慈善功劳,加授他为五品顶戴。这样的封赏只是荣誉,并无实职,但说明余治孜孜不倦从事的善举得到了朝廷的首肯。

同治七年(1868),余治在上海迎来了60岁大寿。60岁,也就是一甲子,在余治那个时代绝对称得上是步入老年。60岁,对一个人来说,是值得大大纪念的。常年在外劝善、行善的余治,把自己一生都奉献给了劝善、行善事业,对于这个值得纪念的日子也没有考虑过,面对太平天国运动之后江南大地亟待恢复的情景,余治哪有时间考虑自己的生日。然而对这样的老人,人们敬佩他的善心和品德,尤其是他的学生和门人,更是希望通过给先生过生日进而宣传先生的品德。但当大家准备为他做寿时,余治拒绝了。在余治看来,与其花钱搞这些噱头,还不如做一些更实在的事情。在他的倡议下,门徒商议集资刊印数种善书作为献给余治60岁大寿的礼物,这一点甚合余治的心意,这也正是他一生孜孜以求的。

对于这一点,青浦人熊其英在为余治祝寿的文章中说得恰到好处:

> 先生生古人后,慨然以世道人心为己任。念吾儒正谊明道之学,不可概语于今之世。惟此祸福感应,中于人独深,故其为说亦最易入。不得已借之以因势利导,苟有人焉,口不道功罪之说,而欲立欲达恻隐之发,常充满于其心,此尤先生所愿与把臂入林者。惜乎举目寥寥,而先生亦遂穷以老也。①

这篇短短的寿语,可以说对余治的一生追求进行了高度的概括和评价。

这一年,新任江苏巡抚丁日昌奏请严禁"淫书",收缴印版并加以销毁,同时在上海筹办安怀局、扶颠局等慈善机构,这些机构的章程等,都出自余治之手。

同治八年(1869),余治最重要的历代慈善规章汇编著作《得一录》重新刊刻出版,这对暮年的余治来说无疑是最大的安慰。多年的奔波,加上年老多病,余治的身体一日不如一日。即便如此,他还是没有中断自己的慈善之路,依然到处宣讲乡约,劝人行善。

也就是在这一年,余治的足迹开始延伸到浙江一带,先是在杭州宣讲乡约,劝善、行善。但他这盏慈善蜡炬已经到了蜡干油尽之时。即便如此,面对各地出现的问题,面对战乱之后的百业待兴,余治仍不顾体弱多病,拖着孱弱的身躯,奔波于江浙一带,继续着他的劝善、行善事业。

晚清社会,受西方文化的影响,女权思想开始抬头,但是在余治看来这是大逆不道、伤风败俗的。为了抵制女性新风,他顽固地站在封建统治的立场上,大肆诋毁女性新风,并亲自编辑《孝女图说》24幅,

---

① [清]吴师澄:《余孝惠先生年谱》。

希望通过 24 个孝女的故事，来感化女性尽守儒家的妇道。余治看不到时代的变化带来的女性解放，还一直固守传统思维，这也注定他扭时局、转风俗的良苦用心不会得到多大的实际效果。

同治九年（1870），余治已经 62 岁，这年夏天，在湖州太守宗源瀚的邀请下，余治拖着年迈的身躯到湖州筹办恤产局、保婴局等慈善机构。针对湖州等地溺女婴的恶俗，他请求官府下令禁止民间厚嫁之风，在他看来，厚嫁之风才是导致民间溺女婴的根源。

在浙江各地，余治只要机会合适，都会不辞辛劳宣讲乡约，劝人行善。他曾独自前往茅山、天竺香市，在人口密布的地方宣讲乡约。面对日新月异的新气象、新风俗、新时尚，余治从内心里是抵制的，他认为这些新习俗、新风俗和封建礼教倡导的相去甚远，是引诱人们心生邪恶，伤风败俗。对此他的内心隐隐作痛，为了断绝人们心中的邪念，重回封建礼教固有的教条中，他将未收录在《庶几堂今乐》中的新编剧本，重新排演，在各地演出，而这些剧本都是以劝善、挽风俗、正人心为内容的。先是在浙江嘉兴、湖州、杭州等地演出，后在官员的大力支持下，在浙江全省演出。

晚年的余治，在苏沪浙各地不停奔波，虽然精力日衰，但往来各地，整饬规约，随地教化，尽管口干舌燥，却自得其乐。因为这是他一生追求的事业，鞠躬尽瘁，就像他自称"木铎老人"一样。在城市乡村，都能见到这样一位老人，为慈善不计名利，不管遇到多大的困难，也不改初衷，一个职业慈善家的胸怀尽显。

慈善翘楚领风骚

以余治为中心的江南慈善群体，和余治关系密切的有三大群体——地方官员、地方绅士和后辈学生，他们共同支持、协助、帮助余治进行善事活动，在余治的感召下，团结更多的人进行善事活动。挽风俗、正人心是余治树起的慈善标杆，赈灾民、救难民是余治行善的真实目的，编善书、定章程是余治济世的历史功绩。余治在前面扛起三杆大旗，在他身后有一大批慈善家跟随前行，共同谱写了中国慈善史上的辉煌乐章。

一、网罗士绅做善事

江南自古就有慈善之风，慈善家代有人出，尤其是明清以来，江南地区涌现出一批又一批的慈善家，如明末的袁了凡、高攀龙、陈正龙，清代前期的彭绍升，之后就是苏州的潘曾沂、余治、冯桂芬等。经过几百年的发展，江南慈善群体形成梯队发展态势，后人受前人影响，秉承前辈做法，之后又形成新的群体，团结更多的人参与慈善活动，进而促成了近代中国慈善事业的高峰。

在余治几十年的慈善活动中，他虽然家境不厚，但凭借着坚韧不拔的毅力和对慈善事业的一腔热血，在劝善、行善方面奔走呐喊，他的精神感动了很多人，有许多人愿意追随他，穷一生精力从事慈善。在这群人中，最先受到鼓舞和感染的是江南当地的一批乡绅、富绅。在这些志同道合者中，既有富甲一方的知名绅士,也有一般小乡绅,他们追随在余治周围,在江南各地演绎了一出出慈善热剧。

在余治的生命历程中,太平天国运动的爆发是一个分水岭。之前余治活动的区域基本在苏州、无锡一带,这是余治的家乡,他的慈善活动主要围绕赈济灾民、创设保婴会、制定各种劝善条规而展开,这种慈善活动基本上是承继明清以来的慈善传统,以救人为目的。这种慈善活动很大程度上以行善积德为感召,故而参与此项活动的多是地方乡绅。不论在无锡还是在苏州,许多乡绅为余治的慈善情操所感动,自愿加入劝善行善行列中,成为支持他慈善活动的坚强后盾。

在《余孝惠先生年谱》中,我们看到了这样的记载:

> 是岁(道光二十一年,1841年)春,偕华氏群从倡设粥店以赈饥者。著有《劝开粥店说》《粥店十便说》,又刻林文忠公《担粥说》,遍吁于人,人咸称善。盖粥店担粥,较官为煮赈,事易行而施博。其章程详载《得一录》中。先生之说既行,各乡饥民全活无算。由是远迩慕先生名,苏州潘功甫(曾沂)、谢蕙庭(元庆),同邑杜少京(绍祁)、顾仪卿(鸿逵)诸绅士,水渠里秦氏、石塘湾孙氏、礼社薛氏、蒋庄杨氏,咸乐于订交。后遇饥荒,办赈必咨于先生焉。

可以说,从1841年开始,在余治的周围就形成了一批慈善家群体,每逢灾荒年,每遇救赈事,这批慈善家就会主动出来进行赈灾,并且以余治为核心,制定赈灾措施和方式。在这批慈善群体中,和余治关系密切的主要有:

1. 潘曾沂

苏州潘曾沂是有名的慈善家,因潘家历代行善,被誉为"积善世家"。清道光年致力于地方行善的潘曾沂也被誉为"天下第一个大善人"。

潘曾沂虽然说和余治是同时代人,但不同的家庭出身注定两人不同的命运。潘家是官宦人家，又是积善之家，潘曾沂很早就在吴中以慈善美名远扬，雄厚的家产使他在慈善活动中挥洒自如，也让他很早就成为吴中慈善领袖。从道光七年（1827）捐田2500亩创建丰豫义庄开始，直到咸丰二年（1852）去世，潘曾沂一生主持或参与的善举为数众多，在诸如平粜赈济、弛免田租、拟建义塾、收养弃婴、兴修水利等地方慈善公益事业中，均可找到他的身影。鉴于潘曾沂在地方慈善公益事业中发挥的巨大作用，后人称他为"道光时吴门第一善人"，在地方上确立了一言九鼎的权威地位。余治比潘曾沂小17岁，在余治开始慈善活动时，潘曾沂已是当地慈善领袖。

尽管二人年龄差别大，地位悬殊，但丝毫不影响二人的交往。潘曾沂没有因为余治出道晚就轻视他。据《余孝惠先生年谱》记载，道光二十一年（1841），余治曾提出设立粥店，采用担粥法来赈济饥民，著有《劝开粥店十便说》，并刊刻林文忠公的《担粥说》，在民间广泛宣传。这种施赈方法比原有的"易行而施博"。潘曾沂、谢元庆等热心慈善事业的地方士绅由此"慕先生（余治）名"，"咸乐与订交"，遇有荒年办赈之事，他们也经常向余治咨询。

余治对潘曾沂多有推崇，他在《得一录》中就记录了潘曾沂多项慈善举措。余治对潘曾沂提出的区种法极为欣赏，认为此法可以"裕民足食，积谷备荒"。咸丰五年（1855），上海城隍庙翼化堂托潘曾沂之名刻印了劝善类宝卷——《潘公免灾救难宝卷》，大力宣传潘曾沂的善行，余治曾为之撰序并述赞。在宝卷序言中，余治称赞潘曾沂"杜门却扫、研心内典、阴行众善、悲怀慈愿，惟日孜孜，孤寒之急而求者，无不各如其意以去；当道以轩冕交者，谢弗纳。……自公去而苏垣士女如失慈母，相与泣下沾襟者无量数，薄海内外黄童白叟、贩夫牧竖、望风采者，莫不咨嗟太息，以为菩萨化身大愿船不可再遇也，亦可概矣"[1]，表达

---

[1] 《潘公免灾救难宝卷·序》，咸丰五年上海城隍庙刻翼化堂印版。

了对潘曾沂的推崇。在余治和善书刻印局的共同努力下，这本宝卷在江南地区流传甚广，潘曾沂的善行得以发扬光大。从中不难看出，潘曾沂的一些慈善活动和思想对余治产生了深远的影响。

2. 冯桂芬

冯桂芬（1809—1874），江苏吴县人。从冯桂芬的生卒年我们可以看出，他和余治同年出生、同年去世，这真应了《三国演义》中的那句"不求同年同月生，但求同年同月死"，两个人勠力同心，在慈善道路上相扶而行。

在仕途上，冯桂芬要比余治顺畅得多、得意得多。他少年得志，冯家在苏州是名门望族，虽说到他父亲时家境开始下滑，但受家风影响，冯桂芬很小就聪颖明达，以才学名闻乡里。不到20岁就为生员，23岁考取举人，31岁考取进士，授翰林院编修。后母亲去世，他丁忧在家，淡出官场，以地方士绅的身份在苏州、上海一带活动。太平天国运动爆发后，他组织兵勇对抗太平军，失利后退到上海，后被李鸿章召入幕府，协助李鸿章平息太平军起义。

冯桂芬在上海期间，致力于慈善活动，也成为当时著名的慈善家。也正是在这个时候，余治开始和冯桂芬密切往来，两个大善人在战争纷乱年代，互相协助，共同为近代中国的慈善事业鞠躬尽瘁。而且两人互相欣赏，都对对方的慈善行为大为赞赏。冯桂芬在太平天国运动后，致力于慈善活动，在上海设立抚恤局，专门救助那些流亡上海的难民；又创设了保息局、安息局等，都是专门为流亡上海的难民而设。对冯桂芬这些慈善义举，余治打心里佩服，在同治八年（1869）《得一录》重新出版时，余治请冯桂芬为该书作序，并把冯桂芬在苏州创设洗心局的行善事迹收录其中。冯桂芬也对余治赞赏有加，并把他作为知己，在冯桂芬编撰的《苏州府志》中，也对余治的慈善活动大为赞赏。

两位大善人惺惺相惜、互相赞赏，从中也可看出二人不同寻常的关系。

3. 郑观应

郑观应是近代著名的维新思想家、启蒙思想家,同时还是实业家、教育家、文学家、慈善家和热忱的爱国者。

咸丰八年(1858),郑观应游学上海,弃学经商,开始了他的实业救国之路。余治和郑观应的结识和交往,始于上海。当时余治的家乡无锡被太平军占领,余治只得流亡上海,在同乡绅士的支持下继续他的慈善之路。也正是在上海,余治开始和郑观应交往,据郑观应讲:余治"凡至上海,必相国从,遇有急难者,嘱余助之"[①]。郑观应一直称余治为"老友",可见二人关系非同一般。他们之所以过往甚密,还是出于共同的慈善事业,是慈善将他们联系在一起。

郑观应一生出版过很多著作,每次出书都请他人为自己的著作写序,而且不止邀请一人写序。但在同治十二年(1873),郑观应出版《救时揭要》,单独请余治为此书作序,可见二人的友谊以及余治在郑观应心目中的地位。后来余治在上海主持上海保婴局工作,郑观应就是保婴局董事之一,共同的理想又让他们合作,为上海的慈善事业尽心尽力。

1874年,余治病故,郑观应非常悲痛,后来余治弟子为恩师编撰年谱时,郑观应就是校者之一。

在余治一生的慈善事业中,许多善士、慈善家都奉他为领袖,都愿意在他的号召下行善,即使已成名的慈善家,也愿意在他的旗帜下从事慈善活动。

除了我们上面所说的这几位在当地有名望的慈善家,支持余治慈善活动的还有很多,如苏州大善人谢元庆,无锡绅士华廷黼、杜少京、顾仪卿等。正是这些善人、乡绅的共同努力,江南一带慈善事业才取得了丰硕的成果。

---

① 夏东元编:《郑观应集》(下),上海人民出版社,1988年。

二、襄助官员兴慈善

在余治的劝善、行善活动中，我们不能回避一个事实，就是个人的善举如果得不到地方官员的支持，其善举的功效也会大打折扣。许多善事活动，当政者可能不做，但如若能很好地利用民间的慈善力量，会取得事半功倍的效果。有时候因为其他原因，在慈善上，政府也有力所不逮的时候，民间的慈善活动也恰到好处弥补了政府的空缺，既可以适时解决灾民的困境，也可以缓解百姓对政府救灾不力的怨恨。所以在很多时候，政府都会很好地利用民间赈济的力量，而对于民间赈济的领军人物，象征性地予以表彰也就成了政府慰抚这些慈善家的手段。

在《余孝惠先生年谱》和有关文献中，我们看到了江苏、上海、浙江等地许多地方官员都把余治奉为上宾，他们要么是对余治的行善之举加以褒奖，要么是听从余治的建议开展劝善、行善活动，还会邀请余治参与当地的慈善事业。

对于想在事业上有所作为的人，很好地利用政府的力量，可能会取得更大的效果，因为政府的动员力和财力是个人无法相比的，这一点余治看得很明白。所以在他的劝善、行善活动中，与地方官员的融洽关系就成了他依靠的力量。

1. 力劝官府兴善事

在余治劝善、行善活动中，除了身体力行行善事，他还针对各种问题，上书当政者力行倡导。

道光二十五年（1845），余治鉴于淫秽小说对人心、风俗的危害，禀请当地官府下令收缴淫书，禁毁淫书。

道光二十六年（1846），余治亲自制定的《保婴章程》得到了各地官府的首肯，纷纷下令在各地执行，这些地区包括江苏、安徽、浙江，甚至福建也要求按照《保婴章程》执行。

道光三十年（1850），余治募捐助赈，全活无数。地方官为他的善举所感动，不仅赠他"善行克敦"匾额，还亲书"侠义堪风"以示嘉勉。

咸丰三年（1853），太平军攻占南京，引起江南震动，余治上书当地官员，希望官府重点在乡村宣讲乡约，打消百姓响应太平军的念想。

咸丰四年（1854），江阴一带出现王锦标之乱，王锦标号召百姓抗捐税，余治手捧郡守侯世显亲笔信，规劝百姓不要铤而走险，要做一个顺民。为了防范太平军，他劝当地官员成立保甲局，共同抵制太平军进犯。

咸丰六年（1856），余治手持当地官员乔松年手谕，调解沿江各乡乡民争夺水源的武装械斗。

咸丰八年（1858），余治持江苏观察使吴云手札，到镇江抚恤难民，并会同当地官员商讨筹办团练，对付太平军。

同治五年（1866），余治奉苏松太道应宝时手谕，主管方言馆，主持抚教局工作。

同治七年（1868），余治上书江苏巡抚丁日昌禁毁淫书，烧毁印版。

同治九年（1870），余治应湖州太守宗源瀚之邀请，赴湖州筹办恤产局、保婴局。

同治十二年（1873），余治将新编的善戏《庶几堂今乐》献给杭州府中丞杨昌浚，杨昌浚极为嘉许，下令在全省演出。同年秋，余治手持苏松太道观察使沈秉成手书，在杭州筹办救生局、保婴会等。

……

从这些记载来看，余治从事的慈善事业，得到了各级官员的支持和理解。从某种程度上讲，正是由于这些官员的鼎力支持，才促成了余治挽风俗、正人心的慈善之举。在与大大小小各级官员的交往中，余治结识了一批志同道合者，他们的友谊也在中国近代慈善史上留下不朽的功绩。

2.余治与应宝时

在晚清政坛上，涌现出了一批慈善政客，应宝时就是其中最著名的一个官僚慈善家。

应宝时的为官和慈善活动与太平天国运动分不开。持续十几年的战乱，造成大量的难民。如何安置这些难民，如何解救这些难民，不仅是慈善家们关注的，也引起了一些官僚的关注。应宝时关注难民和从事慈善与这一特定的历史变故有直接的关系，他在慈善史上能够留下重彩一笔，也与其他的慈善家共同努力分不开。

余治和应宝时的相识、相知、相互支持是从应宝时担任上海道台（苏松太道）时开始的。

咸丰八年（1858），为了对付太平军，应宝时以直隶州州同的身份来到上海，负责筹办团练。咸丰十一年（1861），应宝时以上海道台的身份开始办理洋务。也正是在这个时候，他和余治结识。

同治元年（1862），余治为躲避战乱来到上海，联络上海的苏州籍绅士，开始了赈济流落在上海的苏州难民的慈善工作，并成立保息局帮助难民渡过难关。

同治五年（1866）二月，应宝时在上海成立方言馆，主要培养办洋务的人才，应宝时特聘请余治为方言馆监院。五月，应宝时成立慈善机构抚教局，因余治以前曾创办过慈善机构恤孤局，故委任余治主持抚教局的全面工作，担负起收留流落上海街头孤儿的工作。

同治六年（1867），余治在应宝时的支持下，在上海城西设立慈善机构普育堂，主要也是救济那些无以生存的流浪儿童。

在太平天国运动后期，余治很长时间都在上海避难，而这一时期也是应宝时在上海任职的时间，他们一起为了救济难民做了很多工作，也正是从这个时候开始，应宝时开始把重心转移到慈善事业上来，不能不说应宝时的慈善之路与余治有极大的关系。

多年的共事，应宝时对余治甚为敬佩，后来他在为余治的《尊小学斋集》一书所作的序言中说："余君莲村，以好义积善，闻于江南北，知与不知，称之曰'余善人'。"余治去世后，应宝时为《余治年谱》再次作序，在序言中更是对余治的行善事迹做了高度评价，序言中提及的余治生活点滴也只有熟悉余治者才能了解，从这也能看出二人的关系不一般。

3. 余治与丁日昌

丁日昌是晚清著名的军事家、政治家，洋务派著名代表人物。同治六年（1867）正月，丁日昌任江苏布政使，十二月任江苏巡抚。

丁日昌一到江苏任职，几封诬告信就摆在了他的面前。信中说无锡有一个人叫余治，狂妄孤傲，目无法纪，根本不把地方官员放在眼里，尤其是和一些匪徒有关系，军队解决不了的问题，只要他一出马，叛乱者放下武器，匪首束手就擒，问题马上就能解决。这样的人危害太大，有朝一日如果官府不能驾驭，就有可能酿成巨变，为免除后患，希望朝廷早做图谋，将此人收监判刑。

丁日昌刚到江苏，对当地的情况根本不了解，对早已名声响彻大江南北的余治不熟悉，看到诬告信，他大怒，下令"无锡县人余治，煦仁孑义，迹近不轨，其捕以来"[①]。这样诬告的原因在于太平军起义后，余治为了协助朝廷防范太平军，冒着寒暑，往来长江南北，宣讲乡约，筹办团练，目的还是分化瓦解太平军，防范其他百姓响应太平军。哪里有百姓聚乱，他总是自告奋勇，前去宣讲参加暴乱的危害，百姓受到感动，纷纷放下武器，加之余治在江阴一带救赈难民，深得民众拥护，因此就有了"江畔沙民往往蔑视官长，而贴服于余之一言"的情况。这些自然让一些官员心里不舒服，认为余治抢了他们的功劳，

---

① ［清］俞樾：《春在堂杂文续编》卷四"余莲村墓志铭"，上海古籍出版社，1998年。

所以就横加诬陷余治。

丁日昌最担心的就是地方在民众中有威望的人行事乖张，在他看来这也是对官府的一种蔑视。所以他未加分辨就下令拘捕余治。余治接到拘捕令，一点儿也不畏惧，亲自到江苏巡抚衙门，面见丁日昌。丁日昌感其胆略，就与他进行了一次长谈。余治谈了自己的理想和追求，尤其是把他对当今社会风俗大坏、淫戏淫书盛行给社会道德伦理造成危害的认识倾心相诉，深得丁日昌的赞许，他发现自己错怪了余治，忙起身谢罪，说："仆为谗所中，开罪良多，子真可谓善人者矣。"从此丁日昌更加敬佩余治。

同治七年（1868），丁日昌以江苏巡抚的名义发布了近代文学史上很有名的查禁"淫词小说"的通饬令，查禁的"淫词小说"121种，又续查禁"淫书"34种。这155种书有一些剧本、弹词，如《西厢记》《牡丹亭》《芙蓉洞》等；有一些是文言小说，如《情史》《子不语》《蟫史》等；还有一些养生房中术的杂著如《摄生总要》等，其余绝大多数都是白话通俗小说。在这些小说中有近三十种的确充斥着荒诞的性活动描绘或以欣赏的态度写淫乱的性生活，如《昭阳趣史》《玉妃媚史》《春灯迷史》等，在今天这些书也是不应当随便出版的。再者有许多写才子佳人的和狎邪小说，如《金石缘》《鸳鸯影》《五美缘》《品花宝鉴》等。此外，还有《龙图公案》《清风闸》等公案小说，《女仙外史》《绿野仙踪》等神魔小说。今天被推为古典名著的《三国演义》、《水浒传》、《红楼梦》及其续书也都在查禁之列。值得注意的是，众多的历史演义小说却较少被查禁。

除了查禁，就是通饬所属，宣讲《圣谕》，劝学儒家经典，耳目濡染，纳身轨物，尊崇正学，力黜邪言。

丁日昌所做的这些挽风俗、正人心的工作，和余治前期的做法何其相似。可以说丁日昌的劝善之举，无疑是从余治那里受到启发，或者说在和余治的交往中，丁日昌受到余治的影响，愿意追随余治的慈善之路也不是没有可能。

余治在大江南北的劝善、行善，感动了很多地方官员，他们往往把余治视为慈善的旗手，要么千方百计邀请余治到本地协助赈灾、劝善，要么对余治的品行给予高度评价，号召士民百姓向余治学习，多行善事，造福地方。

如曾任江苏观察使的吴云在咸丰八年（1858）邀请余治到镇江一带抚恤难民，协助筹办团练，他对余治给予很高的评价，说他"刊刻各种劝善书，高已盈尺"，说他"往来江南北，足迹所至，辄举古今来福善祸淫之说，家喻而户晓之"[1]，对余治佩服得五体投地。

曾任南汇、青浦、上海知县的陈其元，在任南汇知县时与余治多有交往。在《庸闲斋笔记》中他对余治的善行大为赞许，并历数了余治的善举，他认为在当时能称得上善人的只有两个人，一个是浙江金华的金濠，一个是无锡的余治。在陈其元任南汇知县时，余治曾前往拜访，力劝在南汇私塾使用他编写的小学教本，又在南汇劝立保婴会、恤嫠会等慈善机构，成效明显。

三、善界桃李满天下

在余治慈善群体中，能够秉承余治慈善衣钵的是他的学生们。

在历史上，一个学派、一种思想之所以能够传承下来，主要在于门生的传承。余治的慈善事业之所以能传承下去，也与余治的学生不懈的努力分不开。

一个人的成就自然与其本人的努力和奋斗分不开，如果要想发扬光大对后世有影响，学生的传承起到的作用不容忽视。

---

[1] 〔清〕吴云：《学堂日记·序》。

学生群体中，有一部分是直接在其门下受到教诲，老师耳提面命，学生与老师朝夕相处，亲自聆听老师的教诲，并能秉承老师的衣钵，将恩师的思想和做法发扬光大，这些人是名正言顺的门徒、学生。

还有一些人，虽然不是先生的直接学生，没有履行过拜师礼，但他们受到先生思想和做法的影响，愿意追随先生左右，执弟子礼，以学生自称。

还有一些人，根本没有见过先生的面，只是心仪先生的所为，也以弟子礼侍奉先生，对外也称是先生的门徒。

一个人的门徒，尤其是一个名人的门徒，各种各样，不一而足，只要信奉先生的思想，秉承先生的做法，均可称为学生。

在余治的学生中，就包含上述几种情况。

余治在各地私塾、学馆任教多年，自然培养了不少学生，他的慈善思想也影响了不少人，很多人也自愿加入慈善队伍，并将余治的慈善事业发扬光大，他们是余治真正的学生。还有一些人，虽然没有在学堂里亲自聆听余治的教诲，但很佩服余治的做法，也时常陪伴在余治左右，同余治一起劝善、行善，按理说应是同事，但他们敬仰余治的高德，自谦为学生。

余治的学生究竟有多少人，史无详载，有的说有一百多人，"其徒百十人，承其师说，凡济人利物之事靡弗为"[1]。余治活着的时候，在他的身边总聚集着一批学生，随他在大江南北从事善事；余治去世以后，活跃在慈善界的依然是他的学生，只要哪里有灾情，哪里就有余门弟子的身影。

曾邀请余治到桐乡演出善戏的大善人严辰说："甲午年，君即化去。门下弟子甚多，后倡义赈以济西北灾黎者，皆其人也。大江南北皆称君

---

[1] 夏东元编：《郑观应集》（下），上海人民出版社，1988年。

为余善人。"①康有为在读《尊小学斋文集》后也对余氏门人致力于慈善的伟绩大加赞赏，他说："今直省水旱饥灾，岁有月出，余君弟子匍匐争号，拯其死亡，天下之人争归之。"②

从有关文献记载中，我们了解到在一百多名余治的学生中，有几位学生非常著名，他们师从余治，追随余治，发扬余治慈善精神，在晚清赈灾史上留下了重重一笔。他们的慈善活动，为余治的"善人"功簿上留下了一笔笔浓墨重彩。

1. 李金镛

李金镛和余治是至交，又是同乡，都是无锡县人。李金镛的父亲李廷发是个商人，同时也是一个善人，以信义善行著称于世，并和余治、谢元庆等熟识，很早就组成无锡慈善圈。在李金镛20岁时，李廷发就让李金镛拜余治为师。在余治的影响下，李金镛后来在各地大兴慈善，像天津的广仁堂、上海的抚恤局，都是他一手创办。光绪年间大灾荒，他募捐十余万两白银，赈济江淮灾民，是义赈开始。直隶、山东等地的赈灾，也有他的身影。主政吉林期间，他创办慈善机构养济院、同善堂、养济书院等，是晚清著名的慈善家。

2. 谢家福

与李金镛一样，谢家福的父亲谢元庆和余治都是无锡慈善界的著名人物，也是至交。谢家福和余治也是亦师亦友的关系。因此之故，谢家福小的时候，谢元庆就让他拜余治为师，"问业于余莲村先生"。谢家福也以行善闻名，晚清"丁戊奇荒"发生，谢家福振臂赈灾，响应者万众，"日赍钱至家福门，或千金，或数千金，不一年得银四十三万有奇"③，

---

① ［清］严辰：《墨花吟馆感旧怀人集》之《余莲村广文》。
② 康有为：《书余莲珊〈尊小学斋集〉后》，《康有为全集》（二），上海古籍出版社，1990年。
③ 《清史稿·谢家福列传》，中华书局，1977年。

并亲赴山东灾区救灾。

3. 经元善

经元善是浙江人，虽然我们在文献中找不到他与余治之间的直接往来资料，但从其他资料中还是可以看出，他是余治的学生之一，其慈善思想也是源自余治。他就是我们所说的心仪余治行善并以余治为师的那种学生。他的慈善活动，主要表现在光绪年间的"丁戊奇荒"中，在灾情发生后，他发动社会各界积极募捐，并跨省救灾，在当时产生了重大影响。

4. 严作霖

严作霖，江苏丹徒人，一生行善，不求做官。

他是余治的学生之一，有些文章称其为"余莲村门下士"。在余治诸学生中，严作霖是比较贫穷的，这一点和余治相似。尽管募集大量财物，但他"分文积蓄没有"[①]。即便如此，未能改变他做慈善的初衷，他仍然积极参与慈善活动，甚至典衣卖首饰救人。"丁戊奇荒"发生后，他是首批前往河南赈灾的人员之一，其足迹遍及山东、河南、山西、安徽、江苏、直隶、广西、奉天、陕西等省，积极从事赈灾活动。

我们可以看出，在晚清慈善史上，余治的影响何其大，通过友人、师生等关系，在余治的身边形成了一个庞大的慈善群体。这些人有官员，有买办，有士绅，有富商，劝善、行善的共同理念使他们走到了一起，并形成一个庞大的慈善网络，为近代中国的慈善事业做出了贡献，他们也成为当地百姓敬仰的楷模，他们的事迹也不断被人们所传诵。

---

① 《申报》影印本，光绪十五年正月初八，上海书店，2008年。

孤灯耗尽终有时

同治十三年（1874）十月八日，一代慈善家余治病逝于苏州，享年66岁。他去世后，他的三个女儿和众多门生扶柩回到家乡，葬于无锡县万安乡青莲墩。门生私谥"孝惠"，著名学者俞樾亲自撰写墓志铭。

一、蜡炬成灰终不悔

同治三年（1864），太平天国运动被镇压后，余治开始了战争后江南地区重建的宣传鼓动工作。编著《江南铁泪图》，赴江北未受战乱影响的地区，历数江南百姓遭受的苦难，号召大家积极捐款，帮助江南百姓重建家园。

同治四年（1865），余治继续在上海辅助有关机构从事抚恤赈济难民工作。

同治五年（1866），余治受上海道台应宝时邀请，主持慈善机构抚教局工作。这一年夏天，在上海漂泊十几年的余治，思乡甚浓，离开上海，回到苏州定居。从此他的慈善活动也以苏州为中心而展开，开始在江苏、上海、浙江一带从事慈善活动。

同治六年（1867），余治受应宝时再次邀请，到上海赈济难民，在上海西设立普育堂，救助那些流落在上海的贫苦儿童。

同治七年（1868），余治60岁大寿，他谢绝门生要大操大办寿宴，刻印善书数种在社会上传播。

同治八年（1869），余治最高兴的事便是曾经遭到毁坏的《得一录》在富商的资助下得以重新刻印。多年的奔波行善，余治的身体一日不如一日，这年春天，余治在杭州宣讲善事，身染重病，几乎不治。后在医生和家人的悉心照料下，病情有所好转。

同治九年（1870），余治忧虑社会上不良风气造成的弊端太多，尤其是女性追求自由，诸多行为违背了三纲五常的伦理要求，愤然之下编辑出版了《孝女图说》24幅小册子。这年夏天，余治受湖州太守宗源瀚邀请，到湖州筹办恤产局、保婴局，并劝说宗源瀚下令禁止厚嫁之风，认为只有这样才能杜绝溺女婴事情的发生。

同治十年（1871），余治开始编修家谱，并亲自定下余氏家训以示后人。又和友人募集资金建立节孝祠，并到各乡采访节孝事迹。

同治十一年（1872），64岁的余治独自前往茅山、天竺香市等地，苦口宣讲《圣谕》，并以"木铎老人"自居，众人皆认为他当之无愧。

同治十三年（1874），长期在外奔波兴慈善，严重损耗了他的身体。即便如此，在生命的最后时刻，他依然往来于各地慈善机构，整饬规约，"随地化导，舌敝唇焦，劳不自恤"[1]，大有看不到社会风气好转誓不罢休的决心和勇气。闲暇之余，他拖着病体，开始编写新的善戏剧本，陆陆续续又写出二十多出新戏。这些新戏都是正人心的内容，他自知人心不正，道德良知就不能改观，即便在生命的最后时刻，他也没有放弃自己的救世理念。

这年五月，他从上海保婴局回到苏州住宅，染上腹泻，原以为只是吃坏了肚子，没有在意。他拖着病体，仍然奔波于各地，不是冒雨徒步，就是驾船远行，白天和一群同道商议如何兴善事，晚上奋笔疾书，一刻也没有休息，身体越来越差。

八月初，他从外地回到苏州，在船上又染风寒，痢疾重新发作，一夜之间余治的身体就被掏空，气若游丝，躺在病床上已经无力说话，甚

---

[1] ［清］吴师澄：《余孝惠先生年谱》。

至连米粥也不能下咽。

十月八日，晚清一代慈善家余治病逝于苏州家中。

在去世前三日，他命门人手持《庶几堂今乐》一册交给当时著名学者俞樾；又以为淫词小说还没有绝迹，留信给应方伯，希望他严加禁止。在做这些事情的时候，弟子李金镛、薛景清、方仁坚等伺候左右，余治也自知不久将辞世，在生命最后时刻，他留给学生遗言：

> 区区之心无所恋，惟此《庶几堂新戏》，足以转移风俗，激发人心，为极不忘耳。二三子为我转告诸同人，倘得有大力者登高提倡，颁入梨园，则生平之愿也。①

临终之际，余治挣扎着起身，在弟子的搀扶下来到书房，写下了《临终诗》：

> 六十余年转眼中，蜉蝣身世古今同。
> 推迁人化终归尽，留取灵光照太空。
> 大恩未报痛如何，子职深惭负罪多。
> 冥福可资痴望在，望云空自礼弥陀。
> 半生窃抱杞人忧，底事哓哓话不休。
> 以瞽导朦应自笑，自邻苦海未回头。
> 二泉山下一寒儒，阿堵羞言守故吾。
> 差幸此中无罣碍，阮囊毕竟一文无。

书毕，阒然仙逝。一代职业慈善家就这样离开了他一生追求的慈善事业。

二、生前身后任评说

浮舟余氏，尤其是余治家族，人丁一直不旺。其父亲三兄弟，只有

---

① ［清］吴师澄：《余孝惠先生年谱》。

余治和哥哥两个男丁，因此余治从小就兼祧二叔、三叔两家香火。到了他这一辈，兄弟二人也只有哥哥的一根独苗余萌培。咸丰十年余治哥哥遇难时，余萌培只有4岁，靠余治抚养长大。

余治有一妻一妾，两位夫人没有给余治生下儿子，只有三个女儿。在余治去世时，长女已经出嫁，二女、三女尚待嫁家中。余治的死，让这个家族顿时失去了靠山。无论如何，余治的灵柩也必须运回无锡老家安葬。在众弟子和朋友们的帮助下，余治家人将余治的灵柩运回无锡安葬，葬于无锡县万安乡青莲墩。俞樾亲自撰写墓志铭。

一个有着道德情操的人，一个心怀天下穷苦人的人，一个对不良风俗深恶痛绝的人，一个追求国强民富的人，一个以慈善为终生追求的人，与世长辞了。但在他死后，人们并没有忘记他，很多人都对他的善行给予了高度评价。

看一下余治家乡的人们的评价：

> 余治，字莲村，诸生以劝善为己任，每谒当道及诸富室，血灾保婴等事。……治晚年益广刊善书，或集优人，俾演古今果报事，冀感发乡愚，一时有"余善人"。[1]

再看一下余治晚年生活的苏州人的评价：

> 道光咸丰年间，江浙有名余善人莲村者也。道光中以善人著声远近者，有吴县潘曾沂、谢元庆，治起稍后。[2]

余治在家乡被太平军占领后，长期寓居上海做善事，看一下上海人的评价：

> 诚笃能任事，日后劝导愚蒙，转移风化为己任。行善举，刊善书，孜孜不倦。[3]

---

[1] 光绪《无锡金匮县志》卷二十五。

[2] 同治《苏州府志》卷一一二。

[3] 《淞州府续志》。

晚清重臣李鸿章如此评价余治：

> 莲村余君，吴中善士，久耳其名。①

安徽巡抚署两江总督沈秉成这样评价余治：

> 梁溪孝惠余君，幼事亲以孝闻……补化善俗之盛者，未有能过余君者也。予耳闻君名二十年。②

再看为余治作墓志铭的大学者俞樾的评价：

> 莲村余君卒于苏州，苏之人无识不识，咸大息曰："善人亡矣。"余君"生平善事不胜书，其规条详所著《得一录》中，而戒溺女禁淫书则其尤致意者。东南大吏颇采其说，下所属施行焉"。当时浙陷贼时，君著《劫海回澜文》，又绘《江南铁泪图》，见者无不感泣。乡愚妇竖咸切齿腐心愿与贼俱亡。东南之底定，固有师武臣力，而君之书未始无功也。③

再看上海道台应宝时的评价：

> 君以贫士无所凭借，自少壮以利济为心，凡教人善俗之事，无大小皆宿为规画，至赈贷兴作诸大举，则慷慨奔告于富人之门，动之以至诚，而示之以明效，积行既久，翕然信之，其后名益彰，事稍集。④

和余治关系甚密的清金石学家、藏书家吴云也给予他很高的评价：

> 余君"刊刻各种劝善书，高已盈尺"，为了救正人心，挽回风俗，挽回劫运人，余治"遂往来江南北，足迹所至，辄举古今来福善祸淫之说，家喻而户晓之"。⑤

---

① ［清］俞樾：《余莲村墓志铭》。
② ［清］俞樾：《余莲村墓志铭》。
③ ［清］俞樾：《余莲村墓志铭》。
④ ［清］吴师澄：《余孝惠先生年谱》。
⑤ ［清］吴云：《学堂日记·序》。

可以说在晚清社会，余治的慈善事业得到了很多人的肯定，尤其是官府，对余治的劝善、行善之举给予了充分的肯定，毕竟余治劝善的出发点是维护大清王朝的政治秩序，是站在帝王为老百姓谋福祉的立场来进行的，因此在清王朝苟延残喘的时候，急需像余治这样的精神斗士。

但是在清灭亡以后，出于政治社会转型的因素，余治在人们的视线中消失了，甚至对他的评价也完全是负面的，他成了维护反动腐朽没落阶级的代表。在很长一段时间里，即便在余治的家乡，也很少有人能记得他，他的业绩只能在故纸堆里寻觅。

一个人只要做了对百姓有益的事情，我们都有理由记得他，尤其是家乡的人，更应该记得他。

乡贤的称号，余治是配得上的。

附录：余孝惠先生年谱

先生姓余氏，讳治，字翼廷，号莲村，一号晦斋，又号寄云山人，常州府无锡县人。先世居武威。元淮南宣慰副使忠宣公，守安庆，城陷，阖门殉节。时次子成绪公，讳德旺，就学合肥，奉师命避居梁溪青城乡浮舟村，遂家焉。十四传至文兴公，讳维橒，是为先生高祖。曾祖汉章公，讳昭燎，曾祖母氏梅；祖洪升公，讳兹恬，祖母氏胡；父蕙田公，讳来贡，母氏孙。世有隐德，勤耕读，敦孝友。蕙田公生二子，先生居次，出为叔父书田公后，以季父蓝田公无子，又兼祧焉。先生既再得保举，为考妣、祖考妣请封，并以己身应得封典，貤封本生及兼祧，如其阶。

嘉庆十四年（1809）己巳十一月十九日，先生生

时蕙田公兄弟三人，族居浮舟村祖宅。孙太宜人震先生时，梦有五色云飞堕。及诞，异香满室，蕙田公异之。

嘉庆十五年（1810）庚午，二岁

孙太宜人有疾，时叔母胡太宜人未举子，大母胡太君命抚先生为嗣。

嘉庆十六年（1811）辛未，三岁

二月，本生母孙太宜人卒，先生方在襁褓。家贫甚，胡太宜人视如己出，日抱先生就邻母乞乳，夜则饲以糕粉。继又就乳于从姒，而胡太宜人代之操作，劳瘁备至。（孙太宜人，本邑处士世臣公次女，力勤纺织，奉姑著有孝行）

嘉庆十七年（1812）壬申，四岁

嘉庆十八年（1813）癸酉，五岁

嘉庆十九年（1814）甲戌，六岁

是岁，本生父蕙田公客苏州。

嘉庆二十年（1815）乙亥，七岁

先生幼有至性，至是见胡太宜人操劳，辄有力不能代之憾。

嘉庆二十一年（1816）丙子，八岁

是岁八月，大母胡太君卒，随父兄哭踊，尽礼如成人。

嘉庆二十二年（1817）丁丑，九岁

始就外傅，受业于张嘉宾师（大本）。一日，师他出，摄馆政者授以俗本酒诗，先生以酒为误人物，不可训。归告书田公，公笑曰："小子能知此理乎？"因出《二十四孝故事》为之讲解，先生喜而捧诵不辍。是岁毕小学。

嘉庆二十三年（1818）戊寅，十岁

从顾瀛州师（登鳌）受《大学》《中庸》《论语》。

嘉庆二十四年（1819）己卯，十一岁

受《孟子》。

嘉庆二十五年（1820）庚辰，十二岁

从周承益师（守谦）受《毛诗》。先生在塾，出入必告，举止不苟。诸书一经讲授，辄充然有会于心。每归自塾，洒扫提挈，凡可以代父母劳者，无弗躬亲焉。

道光元年（1821）辛巳，十三岁

是岁八月，书田公卒，家益困，不能具修脯。先生耕作之暇，时理旧业不辍。（书田公，讳来朝，字兴贤，卒年四十有四。为人孝友诚朴，尤喜与里中子弟谈前言往行之可师法者。事详武进李申耆太史兆洛撰传）

道光二年（1822）壬午，十四岁

胡太宜人纺织抚孤，朝夕恒苦不给。或风先生徙业为手民，太宜人不许。

道光三年（1823）癸未，十五岁

是岁江南大水，先生训蒙里中，每出佩一囊，拾道路间遗弃字纸，后率以为常。

道光四年（1824）甲申，十六岁

道光五年（1825）乙酉，十七岁

道光六年（1826）丙戌，十八岁

先生借馆谷养亲。与蒙童讲论，必依于孝弟。从人借书，一见辄能别白是非。尝曰："为学非性理洞达，终不足为人师也。"至是益自奋勉，里党翕然敬之。

道光七年（1827）丁亥，十九岁

是岁春，江阴薛晴岩师（城起）馆同里顾氏，先生从之游。昼则训蒙，夜则侍学。六经既卒业，即于是夏习制举艺。后晴岩师卒于同治癸亥，先生以受恩独深，为服心丧三年。

道光八年（1828）戊子，二十岁

受《史》《汉》《八家》，日课数百行。

道光九年（1829）己丑，二十一岁

始出应童试，未售。冬，顾宜人来归。（宜人同里处士凤瑞公鸣歧女）

道光十年（1830）庚寅，二十二岁

道光十一年（1831）辛卯，二十三岁

八月，母胡太宜人卒。太宜人病暑，先生亲侍汤药，目不交睫者兼旬。比居丧，哀毁几绝。时本生父蕙田公春秋高，而兄勋堂公（齐）贫无恒产，先生力谋色养，又为考妣营丧葬，心力为瘁。（太宜人同里处士圣宗公长女，贤德。详先生《蓼莪恨述》）

道光十二年（1832）壬辰，二十四岁

道光十三年（1833）癸巳，二十五岁

馆于北七房镇华氏。是岁从华云萼师（介福）游，文社课艺，先生辄冠其曹。

道光十四年（1834）甲午，二十六岁

偕顾君伟屏、族兄文耀等，举里中惜字会，后更推广惜谷，有双惜

170

规条，载《得一录》中。

道光十五年（1835）乙未，二十七岁

服阕，受知学宪龚公补金匮学附生。

道光十八年（1836）丙申，二十八岁

从元和张咏仙孝廉（肇辰）游。秋七月，丁本生父蕙田公忧。先生自是抱恨终天，著《蓼莪余恨述》，又作《匪莪感诗》以志痛。（蕙田公，字继贤，卒年六十有六，《家谱》有传）

道光十七年（1837）丁酉，二十九岁

从李申耆太史（兆洛）游。

道光十八年（1838）戊戌，三十岁

状蕙田公、书田公事实，乞申耆太史为家传。太史为撰合传，谓二公笃行硕德，虽未获自显，而令子治克自振拔，为吾党重。其益励所学，立身行道，上慰先人，显亲扬名，于是乎在。先生感师训，谨佩之终身。

道光十九年（1839）己亥，三十一岁

肄业江阴县暨阳书院。

道光二十年（1840）庚子，三十二岁

夏，大水。无锡芙蓉、杨家等圩，被灾尤甚。先生上书白当事，请赈恤。

道光二十一年（1841）辛丑，三十三岁

是岁春，偕华氏群从倡设粥店以赈饥者。著有《劝开粥店说》《粥店十便说》，又刻林文忠公《担粥说》，遍吁于人，人咸称善。盖粥店担粥，较官为煮赈，事易行而施博。其章程详载《得一录》中。先生之说既行，各乡饥民全活无算。由是远迩慕先生名，苏州潘功甫（曾沂）、谢蕙庭（元庆），同邑杜少京（绍祁）、顾仪卿（鸿逵）诸绅士，水渠里秦氏、石塘湾孙氏、礼社薛氏、葑庄杨氏，咸乐与订交。后遇饥荒，办赈必咨于先生焉。

道光二十二年（1842）壬寅，三十四岁

应江阴县少尹欧亭姚君聘,就署教读。先是谓善书可以羽翼经传,尝有推广撰述之志,而力有未逮。及来澄江,思乡塾童蒙,往往读书二三载即废业,所读《神童》《千家》等诗,无补于心,遂仿其例,别撰五言诗,名曰《发蒙必读》,不署姓氏,刻印分送。窃验其行否以自镜。越数日,见各塾争相传写,因喜乐善有同心,而撰述之志益坚。

道光二十三年(1843)癸卯,三十五岁

仿子瞻苏氏法集本乡保婴会。

道光二十四年(1844)甲辰,三十六岁

撰辑《续神童诗》《续千家诗》。

道光二十五年(1845)乙巳,三十七岁

撰辑《学堂讲话》《训学良规》,并绘图增订《日记故事》。先生至是为蒙养计者周矣。又念贫家子弟,无力读书,鸠资为设义塾数处。未几,而常熟、昭文诸邑,争起仿行,造就日广。先生更以淫书小说之为人心害也,禀请当道示禁收毁。是岁有《自题望云图辞》以志风树之悲,文具集中。

道光二十六年(1846)丙午,三十八岁

辑《古文观止约选》成,先生以旧选观止不尽切于日用,爱目增损其文,成约选若干卷。缀以发明,篇末附载古今格言,俾读者知劝知惩,默化气质,人皆以为善本。又辑制艺之有关世道人心者若干篇,题曰《名场必得技》,末亦附以格言,俾求名者,知以种德为本。六月,丁兼祧季父蓝田公忧,是岁大吏檄取先生所定《保婴章程》,通饬各属,并移知安徽照办。次年,浙省大吏亦檄取饬办,而通行于闽。

(蓝田公,讳来聘,字绍贤,是年五十有八)

道光二十七年(1847)丁未,三十九岁

仍馆江邑,办收毁淫书事。

道光二十八年(1848)戊申,四十岁

江阴县寿、兴、沙各圩,被大潮淹溃,饥民载道。先生募资数万缗,为之赈恤。筑堤(有《勘灾记》存文集中)并以其地多溺女,倡立恤产保婴会。时长兴金石林司马(品三)方谋建育婴堂于邑之下源渡,见先生章程而善之。先生遂往下源,诸善士皆来会,定议合邑分为十局,而保婴善举益广。

道光二十九年(1849)己酉,四十一岁

长兴保婴局之设也,先生谋之力甚。是春,再往下源,会乡民演剧。先生登台叩首,且泣且劝,观者皆为心动。时霖雨久,是日忽晴,人以为善气所感。夏,江南大水,苏、常圩田被淹。先生所居浮舟圩地势略高,以力筹捍数得全,而哀鸿遍野,呼号日闻。先生蒿目惨心,著《水淹铁泪图》二十四帧。日泐数十函,乞救于远近富人。每发一函,辄于神前拜祷,情辞迫切,见者动心。是秋,负病往来苏、常各属,虽病不能食,未尝敢息肩焉。

道光三十年(1850)庚戌,四十二岁

先生募资助赈,至是全活无算。中丞傅公闻之,赠"善行克敦"额,而郡守仙舫严公正基,又亲书"侠义堪风"四字以赠。缀以序云:"起千万沟瘠濒危之命,之死而致生之剂,君相施济之穷,弥天地生成之憾,惟侠而义者优为之。"先生具书为谢,推美富人,不自有其劳。严公曰:"吾乃今知然明之心矣。"是春,禀请兴修杨家圩堤岸,改六三图之永济桥为永济闸,以资宣泄。自是桑梓间,水不为灾。是岁,纳侧室方氏。

咸丰元年(1851)辛亥,四十三岁

阳湖县朱家渡桥界太平、从政两乡,为往来孔道,桥圮二十年,其里人张君寿德有志重建,而工巨未集。来谒先生,先生遂偕赵伯厚官赞(振祚)同往劝捐兴办,历三载告成。厥后庚申之变,避难人赖此桥以济。

咸丰二年(1852)壬子,四十四岁

先生五赴棘闱,两荐不售。至是幡然曰:"昔人捧檄而喜,为亲在也。

今而知科名，自有命焉。徒使岁月消磨，而吾父母在天之灵，略无所慰，罪何可逭！"乃绝意进取，专以挽回风俗、救正人心为汲汲。遂汇资将所辑训蒙各书，次第刊布，同人题曰"尊小学斋"。

咸丰三年（1853）癸丑，四十五岁

时粤逆窜踞金陵，人心浮动。先生禀请当道，宣讲乡约，并著《劫海回澜启》，勉人恐惧修省，冀回天怒，不啻垂涕而道焉。

咸丰四年（1854）甲寅，四十六岁

三月，赴江阴、沙洲平定王锦标之乱。先是江邑各乡，抗完漕粮，先生奉郡守侯公世显札，赴乡劝谕。比至杨库镇，见民情震动，询知对江之寿兴沙有剧盗王锦标，啸聚肆掠，军械悉备，官捕莫敢正视。时，福山镇叶总戎奉制军密札，将会江、常各营刻期进剿；先生思此沙四面临江，向多私贩，民俗强悍，宜使散不可使聚。若剧加剿办，各盗必铤而走险。既恐贻害沿江各邑，而本沙良善，反致玉石不分。万一剿办，不能尽善，则莠民得志，害更无穷。正焦虑间，江阴令翟让溪荣观捧学宪何公檄至，令先生先往协捕。先生奉谕即行，同人力阻，不听。遂与朱朗夫上舍门下徐子济茂才渡江。抵沙之日，集沙民宣讲乡约，晓以天理，惕以王法，沙民夙感先生赈济筑堤旧恩，所到处，争先迎候，老幼环听，且有感泣者。先生见其心动，即传学宪令速缚盗魁以献，众皆免。越日，众果擒锦标至，余党悉解散。未几，又擒南岸盗首薛嘉禾至，不烦一兵而全沙悉平。先生乃为立"保甲局"，设法查编沿江一带，化暴为良，历年安堵，沙民至今德之。

咸丰五年（1855）乙卯，四十七岁

先生既著《助饷说》，劝富人毁家纾难，而同邑孝子孙仰晦先主希朱，尝抵书极论敌忾同仇之义，时军中时疫大作，先主遂冒暑捐制丹药，亲解问忠武公孝陵大营。又偕葛君葆之（瑷）创设"太湖救生局"于邑之吴塘门。是岁，学使者奎公赠先生额曰"与人为善"。

咸丰六年（1856）丙辰，四十八岁

夏，大旱。沿江各乡争潮械斗，先生奉乔鹤侪观察（松年）谕，往调解。又乘间擒获杨库、北漘盗首王和尚等四名，分别解索。复会苏、常诸绅士，设厂招抚流亡，并赴各处宣讲乡约，著《乡约新编》行世。秋七月，丁兼祧徐太宜人忧。

咸丰七年（1857）丁巳，四十九岁

先生念乡约为救时要务，而终患乡愚之不能家喻户晓，遂用俚语别撰诗歌各种劝世，冀以潜移默化。为收禁淫书一案，作釜底抽薪之计。盖先生著书之旨，至是托体愈卑，而用心亦良苦矣。

咸丰八年（1858）戊午，五十岁

奉吴平斋观察（云）手书，赴镇江抚恤难民，并商办江南北团防事。著《劫海回澜续启》行世，并辑史传故事，成《公侯鉴》若干卷，分送各营，冀从事戎行者，以不嗜杀人为本。是岁大吏以先生宣讲功，由附生保举训导，并加光禄寺署正衔。

咸丰九年（1859）己未，五十一岁

集《庶几堂新戏》，试演于江阴、常熟等处。先生谓梨园之作，原以激发忠孝，沿习既久，寝失古意。如演《水浒传》则以盗贼为英雄，演《西厢记》则以狎邪为韵事，此风俗之大害也。于是即借梨园曲白、宣布训言，著《后劝农》《同胞案》《英雄谱》《绿林铎》等剧十余种，教习试演。其正乐微意，救世苦心，并详先生所著《庶几堂引言》及《道情》中。

咸丰十年（1860）庚申，五十二岁

著《皇恩歌》《亲恩歌》等若干种。夏四月，粤贼下窜，兄勖堂公（齐）赴水死。勖堂公遇难时年六十有三，后奉旌表，入祀惠山忠节祠。先生避地常阴沙，痛念书生不能杀贼，因著《解散贼党启》分送各营，又历写胁从思乡之情，作《解散歌》四十八首，使人流布，以孤贼势。未几，各沙民团四起，先生隐为之部署，上书帮办军务，前巡抚许愿提一旅渡江助剿，中丞叹为佛心侠骨。又具书上团练大臣庞乞师，并陈解散胁从之议，侍郎叹为仁人，经济高出群伦。即据以入奏施行焉。

咸丰十一年（1861）辛酉，五十三岁

避难靖江县马洲，时江南难民呼号蚁集，遂会江北诸善士，设粥局于如皋县之石庄永乐桥、靖江县之斜桥、生祠堂、四墩子、泰兴县之口岸、新镇市，并寿兴沙、常阴沙、太平洲等处。全活甚众。

同治元年（1862）壬戌，五十四岁

航海赴沪渎，偕苏绅士，设"保息局"，抚恤难民。

同治二年（1863）癸亥，五十五岁

时沿江通州、泰兴等处，警信日闻。先生劝之设"团防局"，严巡江口。又以江南难民流离益众，于粥赈外设为男佣女织之法，悉心安插。航海往来，刻无暇晷。是岁大吏以先生团防功，赏戴蓝翎。即于镇营饷票局捐加二级，为考妣请封，并请貤封本生考妣。

同治三年（1864）甲子，五十六岁

著《江南铁泪图》四十二帧，赴江北劝捐。其《劝捐启》以江南之被劫，惕以前鉴，即以江北之免劫，耸以救灾。惊心动魄，见者感涕。又著《劫海回澜再续启》，即人心之易明者，痛切指陈，其要归于克己。视前两启，鞭辟近里，论者以为经世大文焉。

同治四年（1865）乙丑，五十七岁

仍留沪襄办善后抚恤事。

同治五年（1866）丙寅，五十八岁

二月，奉苏、松、太道应敏斋观察（宝时）檄，充广方言馆监院。所定教规，一以小学为本。尝为其门人薛景清题一额曰"反躬克己之居"。方言馆为课西学而设，先生盖恐人忘本也。五月，董抚教局事。初，先生尝偕诸绅士募建"恤孤局"，留养难民中十六岁以下之幼童。事平，

访其父母归之。其无归者，令习艺自食其力。至是见其中或有流为丐者，观察复捐廉设"抚教局"，仍命先生主之。是夏，移眷居苏。

同治六年（1867）丁卯，五十九岁

奉应观察札，设立普育堂于上海县城西。是岁，大吏以先生善后功，奏加五品顶戴，遂为祖考妣请封，兼祧蓝田公并请貤封焉。

同治七年（1868）戊辰，六十岁

春，奉倪载轩观察（宝璜）谕，赴江阴沙洲清厘地界。冬，十一月，值先生周甲诞辰，门下士请称觞，不许，遂醵资为刻善书数种。青浦纯叔熊君（其英）祝以序，略云："先生生古人后，慨然以世道人心为己任。念吾儒正谊明道之学，不可概语于今之世。惟此祸福感应，中于人独深，故其为说亦最易入。不得已借之以因势利导，苟有人焉，口不道功罪之说，而欲立欲达恻隐之发，常充满于其心，此尤先生所愿与把臂人林者。惜乎举目寥寥，而先生亦遂穷以老也。"此则深知先生苦心者。是岁，江苏巡抚部院丁奏请严禁淫书，檄板焚毁，沪城又增设"安怀局""扶颠局"，其规约，大抵皆先生所条陈也。

同治八年（1869）己巳，六十一岁

先生尝于道光己酉岁采取古今各种善举章程，成《得一录》若干卷，大旨以"亲亲，仁民，爱物"为纲，条目甚具。遭乱毁板，至是粤东吴紫石明（宗瑛）等复为捐资付梓。是年春，先生以宣讲赴杭得病甚剧，佣仆陆庆断手指煎汤以进，病旬愈。时应敏斋廉访方署苏藩司，事闻，给庆"义行堪嘉"额奖之。

同治九年（1870）庚午，六十二岁

先生患近世女诫不修，辑《孝女图说》二十四帧行世。是夏，应宗湘文太守（源瀚）之招，赴湖州，筹办恤产、保婴各局，并请示禁厚嫁，以清溺女之源。

同治十年（1871）辛未，六十三岁

修族谱，手定家训示。后又偕凤山苏君募建节孝祠于邑之北新桥，采访各乡节孝。是春，先生从弟余步云有断指疗父之事。

同治十一年（1872）壬申，六十四岁

始出新意制造惜字、谷炉担、筛箱等器，远近各局多仿行焉。又尝独自往来茅山、天竺香市人众之会，苦口宣讲。"木铎老人"先生尝以之自署头衔，人以为无愧云。

同治十二年（1873）癸酉，六十五岁

时，海上民俗日新，先生隐忧之。条陈当道，大旨在扶翼圣教，冀息邪淫。而己未所集《庶几堂新戏》，桐乡严缁生比部（辰）曾招之重演于嘉、湖等处，至是复挈以赴杭，进于杨石泉中丞（昌濬）。中丞极为嘉许，谓可通行各省，以裨风化。秋，奉苏、松、太道沈仲复观察（秉成）札，委办救生、保婴各善举。先生驰赴各属会商，汲汲惟恐不及，然精神亦自此衰矣。

同治十三年（1874）甲戌，六十六岁

先生精力虽日衰，然往来各堂局，整饬规约，并随地化导，舌敝唇焦，劳不自恤。暇即征引故事，抒写新乐，计自丙寅以后，又续撰得二十余出。其迫于救世之心，即病中亦不略释。夏五月，归之海上保婴局，患泄泻，初不为意。或冒雨徒步，或驾舟远涉，昼则集议，夜则著书，要不使此身稍有一刻之暇，盖数十年如一日也。八月初，因公渡江，比回苏，痢疾大作，气益亏。遂于十月八日考终于苏城温家岸之寓宅。属纩前三日，命门人手条呈一册，过德清俞荫甫太史（樾）。是夕，犹以淫词小说根株未绝，留书致应方伯严示饬禁，并以所著《教化两大敌论》一篇相质正。时门人李金镛、薛景清、方仁坚等俱待，先生诏之曰："区区之心无所恋，惟此《庶几堂新戏》足以转移风俗，激发人心为极不忘耳。二三子为我转告诸同人，倘得有大力者登高提倡，颁入梨园，则生平之愿也。"言讫，援笔自题别世诗四绝而逝。呜呼！所谓吉人为善，惟日不足者，先生殆庶几欤！先生兄勋堂公既死难，遗一子荫培甫四岁，先生以长以教，至是遂遵例以荫培兼祧。女子子三，长适江庠生陶育，二、三未字。即于本年十一月二十日扶柩归里。越明年，光绪纪元十二月壬申，葬于县北万安乡青莲墩之原。德清俞樾为铭。先生所著书除已行世各种外，有新剧十二种，诗文语录出牍共若干卷，《得一续录》若干卷，编辑待刊。先生卒后，门人私谥曰孝惠先生。

参考文献

[1] 吴师澄. 余孝惠先生年谱 [M]. 北京：北京图书馆出版社，1998.

[2] 黄鸿山，王卫平. 晚清江南慈善家群体研究——以余治为中心 [J]. 学习与探索，2011（6）.

[3] 余治. 得一录 [M]. 同治三年养浩斋刊本.

[4] 俞樾. 春在堂杂文 [M]. 台北：文海出版社，1969 年.

[5] 余治. 庶几堂今乐 [M]. 上海图书馆藏本.

[6] 余治. 尊小学斋文集 [M]. 上海图书馆藏.

[7] 寄云山人. 江南铁泪图新编 [M]. 同治十一年刻本.

[8] 刘昶. 晚清江南慈善人物群体研究——以余治为中心 [D]. 苏州大学硕士学位论文，2009.

[9] 陈烨. 戏曲家余治研究 [D]. 同济大学硕士学位论文，2008.

[10] 刘睿竹. 余治戏剧研究 [D]. 山西师范大学硕士学位论文，2012.

[11] 王卫平. 慈风善脉：明末清初江南地区的慈善传统与发展 [J]. 苏州大学学报，2016（3）.

[12] 刘昶. 劝善与传播：简述余治慈善传播方式的多样化 [J]. 江南大学学报，2016（3）.

[13] 张祎琛. 清代善书的刊刻与传播 [D]. 复旦大学博士学位论文，2010.

后　记

这几年，"乡贤"这个词在消失了几十年后又重新进入人们的眼帘。很多地方都在重新挖掘史料，编辑当地历史上的乡贤事迹，并把它作为乡土教材来引导、教育学生。

前两年在组织编写"名人家风丛书"的时候，我就萌生了编写"乡贤文化丛书"的想法，后在与朋友们的闲聊中更加觉得这个选题很有现实意义，于是就开始翻阅资料，组织编写"乡贤文化丛书"。

在这一辑"乡贤文化丛书"中，我们精选了在历史上有较大影响的10位乡贤，分头撰写。在选择人物时，我一直在思考一个问题，就是历史上那些慈善家应该是我们关注的对象。历史上的慈善家很多，他们积善、行善对时人帮助很大，也对后人产生了较大的影响。但有一点是共同的，即这些慈善家不是出身官宦，就是当地富家，在遇到天灾人祸时，出于慈悲、怜悯之心，他们拿出家产，帮助灾民和穷苦人家。他们都是当地有名的士绅，依靠足够的家产赈灾，救济穷人。

然而，能够一生不懈行善，并把慈善作为自己的终生事业的人还不是太多。但有一个人与传统意义上的慈善家不同，他是把慈善作为一生的追求，劝善成为他的慈善主要方式，他就是无锡人余治。

在收集余治的史料时，我发现虽然在晚清的各种资料中余治的资料不少，但都显得零碎，大多数人关注的焦点是他的善戏创作，而对他的其他慈善活动关注不够，至少在目前还没有一本"余治传记"之类的书籍，使本书的编写困难重重。

这本小册子，不是余治的个人传记，而是他的慈善活动记，我们关注的不是他的一生历史，而是他从事慈善的事迹，因此难免在许多方面有所疏略。

乡贤和一般的历史名人不同，在我看来，能称得上乡贤的，必定有几个条件：一是出生、成长、事功都在当地的人；二是出生于此、成长于此，后在外扬名，最后魂归故里的人；三是出生于此，成名于外，但对故乡念念不忘的人。所有这些人，有一点是相同的：必须对家乡有所贡献，为家乡百姓所敬仰。

如此看来，余治绝对算得上是乡贤，是一乡之贤、一县之贤、一省之贤。他活动在江南大地，他的善举在江南大地，他的影响也在江南大地。

余治一生都在做慈善，但他并不是显赫一时的官宦，也不是富甲一方的巨富，他是典型的平民，一介平民能一生从事慈善，这应该是让我们感动的地方。

慈善不是富人的专利，人人都可以做慈善。2008年汶川地震时，全中国人都行动起来，慷慨解囊支援灾区，有一张照片尤为让人感动：一个残疾人把乞讨的钱投到捐款箱。看到这张照片，我的眼睛湿润了。企业家、名人动辄几百万、上千万的善举让人感动，乞丐的几元钱也让人感动，大灾之前不分贵贱，只要心怀天下，任何善举都值得敬佩。

廉朴
2017年夏